YEDİVEREN
Okuma alışkanlığınız...

AF531995

Rota Yeniden Oluşturuluyor

Dilek Cesur

Tür: *Kişisel Gelişim*

Yayın Yönetmeni: Gökhan Alperen Bayrak
Editör: Huriser Balcı-Ahsen İlhan
Kapak Tasarım: Erdem Yıldırım
İç Tasarım: Tarık Çobanoğlu

Baskı: Nisan 2024
ISBN: 978-605-269-422-0
Sertifika No: 40142

Matbaa: Çalış Ofset
Davutpaşa Cad. Yılanlı Ayazma Sk. No: 8
Davutpaşa - Topkapı / İstanbul
Tel: 0212 482 11 04
Sertifika No: 45159

Yediveren Yayınları Eğitim Hiz. Tic. Ltd. Şti.
Ticaret Sicil No: 893116
Maslak Mahallesi 55. Sokak 42 Maslak Sitesi No:4 Sarıyer / İstanbul
Tel: +90 212 506 13 84 - 85
www.yediveren.com.tr

ROTA YENİDEN OLUŞTURULUYOR

Nerede kaybolduysan orada mutlaka
senin için başka bir yol vardır.
Sen yeter ki ilerlemeyi iste!

Dilek Cesur

İçindekiler

Hepimiz hayatımızın bir döneminde rotamızı kaybetmişizdir ya da bir yerlerden başlamak için yeni bir rotaya ihtiyaç duymuşuzdur. Belki şu an sen de tam o aşamadasın. Bir şey yapmak istiyorsun ama nereden başlayacağını bilemiyorsun, belki gitmek istiyorsun ama gidemiyorsun ya da her şeye bir kibrit çakıp yakmak istiyorsun ama yakamıyorsun. Çünkü şu anki durumundan daha beter olmaktan, mutsuz olmaktan, tek başına kalmaktan, başaramamaktan korkuyorsun ya da seni her seferinde mutsuz eden o insanı hayatından çıkarınca onun yokluğuna dayanamayacağını zannediyorsun.

Şems-i Tebrizi'nin çok sevdiğim bir sözü var. Eminim sen de duymuşsundur.

"Düzenim bozulur, hayatım alt üst olur diye endişe etme. Nereden biliyorsun hayatın altının üstünden daha iyi olmayacağını?"

Denemedin ki! Kendine fırsat vermedin ki!

Başlamak için bitirmen ya da yeni bir adım atman gerektiğini unutma!

Şimdi kendine bir fırsat tanıma ve yeni bir rota oluşturma zamanı.

Hayat cesareti olanlara güzeldir.

Rota Yeniden Oluşturuluyor

Uzun süredir bu yolculuğun hayalini kuruyordun. Günler öncesinden valizini hazırladın. Gezilip görülecek yerlerin haritasını çıkardın. Hatta bu seyahat için uzun süre para biriktirdin. Her şeyin harika olacağına dair içinde müthiş bir inanç var. Yola çıkacağın gün yaklaştıkça uykuların kaçtı. Herkese heyecanla gezeceğin, göreceğin yerleri anlatıyorsun. Sonunda beklenen gün geldi ve arabana bindin. Hiç bilmediğin bir şehre gidiyorsun.

"Ne yapacaksın bir başına! Ya kaybolursan? Ya başına bir şey gelirse? Yakında görülecek bir sürü yer var, ne işin var uzaklarda? Macera arama!" demelerine rağmen kimseye kulak asmadın ve kendi maceranı yaşamak için yola çıktın. Tek derdin yıllardır hayalini kurduğun o şehirleri gezmek, en lezzetli yemeklerini yemek, en güzel yerlerini görmek ve bunun için çok heyecanlısın. Herkesle vedalaştın, navigasyona gideceğin yerin adresini girdin ve yola koyuldun. Daha yeni çıkmıştın ki yola, bir anda tekerleğin patladı; değiştirmen uzun zaman alsa da patlayan tekerleği değiştirdin. "Nazara geldim galiba!" diye düşünüp yola yeniden koyuldun. Yol o kadar güzeldi ki gözlerini manzaradan ayıramadın. Sen manzaraya dalmışken araban birden yol ortasında durdu ve çalıştıramadın. "Benzinim bitmiş, bunu nasıl fark edemedim?" derken büyük bir şaşkınlık yaşadın. Başka araçlardan yardım isteyerek bir benzin istasyonuna ulaştın ve benzin aldın. Daha dikkatli olmalıyım, diye düşünüp yola yeniden çıktın.

Biraz daha gittin, az ileride yolda kalmış bir yolcuyu arabana aldın. Bu sayede yeni bir insan tanıdın, onunla uzun uzun sohbet ettin. Dertlerini dinledin, bazen de ona derdini anlattın. Yol boyu birlikte gülüp eğlendiniz hatta ona yemek bile ısmarladın. Onun hakkında, "Ne kadar sıcak kanlı ve iyi bir insan..." diye düşündün. Yol arkadaşını gideceği yere kadar götürdün ama o sana arabadan inerken bir teşekkür bile etmedi. Öylece çekip gitti. Arkasından bakarken, "Var böyle insanlar, oysa ne kadar samimi görünüyordu, kimse göründüğü gibi değilmiş." dedin ve yoluna devam ettin. Radyoda bir müzik çıktı. "Ah! En sevdiğim şarkı!" diyerek şarkıya eşlik etmeye başladın. Müziğe öyle bir kaptırdın ki kendini, radyoda çıkan her şarkıya keyifle eşlik ettin. Mola vermeden o kadar yol almıştın ki bir yerde yorulduğunu anladın ve durdun. Durduğun noktada saatlerdir yanlış yöne gittiğini fark ettin. Radyodan yükselen müziğe o kadar içten eşlik etmiştin ki; navigasyona bakmayı unuttun. Gitmen gereken yerin tam tersi istikamette olduğunu anladığında aradan üç saat geçmişti. O an ne yaparsın? "Bu kadar aksiliğin üstüne bir de yolu kaçırdım." diye düşünüp geri mi dönersin yoksa gideceğin yerin adresini yeniden girip navigasyondan şu sesin gelmesini mi beklersin:

"ROTA YENİDEN OLUŞTURULUYOR."

Peki Sen Gitmeye Hazır Mısın?

Evet, hayat da böyle işte! Heyecanla çıktığın bir yolda başına gelmeyen kalmaz. İnsan sanıyor ki hayat, hayallerim kadar güzel olacak. Olmuyor maalesef. Tekerleğin patlıyor, benzinin sen fark etmeden bitiyor, karşına vefasız insanlar çıkıyor. Her şeye rağmen vazgeçmeyip yola devam ediyorsun, sonra bir fark ediyorsun ki hep yanlış yöne gitmişsin. İşte tam o noktada vereceğin karar, senin kaderinin değişeceği yer. Ya yola devam edeceksin ya da yoldan vazgeçeceksin. Yorulduğun, yanıldığın ve yanlışa düştüğün için gideceğin yollardan vazgeçmeye karar verdiğinde şunu da unutma!

Hiçbir navigasyon sana "Kör müsün, neden yola bakmıyorsun? Bu nasıl bir dalgınlık! Kaçırdın yolu! Arabana da saçma sapan insanlar aldın. Benzinin bitti, onu bile fark etmedin. Sen bu tatili hak etmiyorsun. Dön çabuk geri! Sana yol tarifi falan yok. Beceriksiz!" demez. Bu cümleleri size hayat, dünya veya kader, artık adına ne demek isterseniz, işte o da söylemez. Siz bu cümleleri kendi kendinize söylersiniz.

Hepimiz hayatımızın bir döneminde rotamızı şaşırıp gidilmemesi gereken yollara gitmişizdir. Hayatımıza almamamız gereken insanları almışızdır. Uğraşıp başaramadığımız işlerimiz olmuştur. Dönülmemesi gereken noktada geri dönmüşüzdür. Aslında hepsi o kadar insani eylemler ki biz sadece yaptığımız hataları fazlaca gözümüzde büyütüyoruz. Buradan geri dönüş olmaz sanıyoruz. Sen yeter ki belirlediğin hedefe gitmekten vazgeçme! Kader navigasyonunuz size, yeni rota oluşturmaktan asla vazgeçmeyecektir. Yolu on defa da kaçırsan, tekerleğin de patlasa, vefasız yolcularla da karşılaşsan navigasyonunuz her seferinde sizin için yeni rota oluşturacaktır. Belki istediğin yere istediğin zamanda ulaşamayacaksın ama emin ol senin için en hayırlı olan zamanda ulaşacaksın.

Maalesef ki çoğu insan, karşılaşmış olduğu zorluklardan dolayı gideceği yollardan vazgeçiyor, umudunu yitiyor, inancını kaybediyor. Neden biliyor musunuz? Çünkü biz toplum olarak çok gülmenin bile ağlamak getirdiğine inandırıldık. Bir nesil ömrünü en şen kahkahaları atarken birden ciddileşip "Ay gözümden yaş geldi. Çok güldüm. Kesin ağlayacağım." diyerek geçirdi. Yani kendimize gülmeyi layık göremedik. Kendine gülmeyi bile layık görmeyen bir toplum hata yapmayı layık görür mü? Üç yanlış bir doğruyu, kâğıt üzerinde yapılan sınavlarda götürüyor. Oysa hayat içinde yapılan sınavlarda, her yanlış bir doğru getiriyor. Ama bunu bilip görene…

Can Acısı Anlayana Lütuf, Anlamayana Zulümdür

Bir gün küçük oğlum Yiğit kafasını duvara vurmuş. Ağlayarak yanıma geldi. "Anne ben canım acısın istemiyorum. Neden can acısı var?" dedi. Bu kadar isyan ettiğine göre belli ki kafayı sağlam vurmuş, diye düşündüm. Yiğit'e dedim ki: "Can acısı, Allah'ın insanlara verdiği lütuftur. Canın acımasaydı eğer, gidip aynı yere kafanı kim bilir kaç defa vuracaktın. Sen, kafanı aynı yere vurmanın sana verdiği zararı da bir gün beyin kanaması geçirdiğinde anlayacaktın. Can acın, darbe aldığın yere yaklaşmana ve bir daha aynı yere vurup canının acımasına engel olur. Canın acıyacak ki kendini korumayı öğreneceksin."

Yani dostum, yolu kaybedeceksin ki bir daha kaybetmemek için daha dikkatli olacaksın.

Karşına yanlış insanlar çıkacak ki doğru insanın kim olduğunu anlayacaksın ve o doğru insanın kıymetini bileceksin.

Benzinin bitecek ki vaktinde yapman gerekenler için geç kalmamayı öğreneceksin.

Tekerleğin patlayacak ki arada durman gerektiğini hatırlayacaksın.

Ve her şeye rağmen yola devam edeceksin ki emeksiz yemek olmadığını, yaşanan her zorluğun arkasında bir hikmet olduğunu, düz yolların en keskin virajlardan sonra geldiğini anlayıp öğreneceksin. Yani sana zahmet gibi gelen her şeyin arkası aslında bir rahmet. Karşılaştığın her zorlukta kendine şunu hatırlat: "Yaradan'ın benim için daha iyi bir planı var."

Tabii bazen o kadar uğraşır, o kadar uğraşırız ki yine de olmaz. Eğer çok istediğin bir şey olmuyorsa, uğraşmana rağmen bir türlü başaramıyorsan eminim ki daha iyisi olacağındandır. Bir sürü aksilik üzerine bir de yanlış yöne gittiğini fark eden yolcu artık biraz durup dinlenmelidir. "Yarın ola hayrola!" demelidir. Tabii dinlenirken de başına gelenlere hayıflanmak yerine o anın tadını çıkarmaya devam etmelidir. "Acaba başıma yarın yine aynı şeyler mi gelecek?" diye düşünmeden de yarını beklemelidir. Başımıza gelen aksilikler yarın için kaygılanalım diye değil, yarın için daha emin adımlar atalım, tedbirli olalım diye yaşanır. Yaşadığın tökezlemeler, yarınlar için attığın adımlarda başına gelecek felaketlere engel olmak içindir. Sen sabırlı ve istikrarlı ol, senin için en hayırlı olan mutlaka gelip seni bulacaktır.

Bu arada sabır demek, boyun eğmek değildir. Geçmişin ve olacakların gürültüsünden uzak durup, eline de bir çay alıp sessizliğe doğru yürümektir. "Nasıl olsa olacak olan oluyor." diye düşünüp kaderci davranmadan çaba ve emek vermektir. Tabii ki olacak olan oluyor ama her olan da bir emeğin ya da vazgeçişin sonucu oluyor. Sabır, zirveye ulaşmaya çalışırken insanları kendine basamak etmemektir. Yoluna konulan taşları alıp kenara çekmektir. Her söylenene kulak asmadan dinlemeye değer olanları kulağa küpe etmektir. Gideceğin yollarda emin ve yavaş adımlarla ilerlemektir.

Acele Etme!

Köyün birinde ihtiyar bir adam varmış. Çok fakirmiş ama kral bile onu kıskanırmış. Öyle dillere destan bir beyaz atı varmış ki kral bu at için ihtiyara beş kese altın teklif etmiş ama adam satmaya yanaşmamış. İhtiyar köylü: "Bu at bir at değil benim için; bir dost, insan dostunu satar mı?" dermiş.

Şimdiki zamanda her şeyin parayla bir karşılığı var. Özellikle yeni nesil yavaş yavaş değerlerini kaybediyor. Tabii bu onların değil, toplumun suçudur. Çünkü çocuklara şöyle bir algı oluşturduk: Kısa yoldan para kazan, emek verme. Sen belki aile olarak değerlerine sahip çıktın ama toplumda her aile değerlerine sahip çıkmadığı için senin çocuğun da nasibini almış oldu.

Bir sabah kalkmışlar ki at yok. Köylüler ihtiyarın başına toplanmış: "Seni ihtiyar bunak, bu atı sana bırakmayacakları, çalacakları belliydi. Krala satsaydın ömrünün sonuna kadar beyler gibi yaşardın. Şimdi ne paran var ne de atın." demişler.

İhtiyar: "Karar vermek için acele etmeyin. Sadece at kayıp deyin çünkü gerçek bu. Ondan ötesi sizin yorumunuz ve verdiğiniz karar. Atımın kaybolması; bir talihsizlik mi yoksa bir şans mı, bunu henüz bilmiyoruz. Çünkü bu olay henüz bir başlangıç, arkasından neler geleceğini kimse bilemez."

Köylüler ihtiyar bunağa kahkahalarla gülmüşler. Aradan on beş gün geçmeden at, bir gece ansızın dönmüş. Meğer çalınmamış, kendi kendine dağlara gitmiş. Dönerken de vadideki on iki vahşi atı peşine takıp getirmiş. Bunu gören köylüler toplanıp ihtiyardan özür dilemişler. "Babalık, sen haklı çıktın. Atının kaybolması bir talihsizlik değil, âdeta bir devlet kuşu oldu, senin şimdi bir at sürün var." İhtiyar, "Karar vermek için yine acele ediyorsunuz." demiş. "Sadece atın geri döndüğünü söyleyin. Bilinen gerçek sadece bu. Ondan ötesinin ne getireceğini henüz bilmiyoruz. Bu daha başlangıç."

Köylüler bu defa açıkça ihtiyarla dalga geçmemişler ama içlerinden, "Bu adam sahiden akılsız." diye geçirmişler. Bir hafta geçmeden, vahşi atları terbiye etmeye çalışan ihtiyarın tek oğlu attan düşmüş ve ayağını kırmış. Evin geçimini temin eden oğul şimdi uzun zaman yatakta kalacakmış. Köylüler yine ihtiyarın yanına gelmişler. "Bir kez daha haklı çıktın. Bu atlar yüzünden tek oğlun, bacağını uzun süre kullanamayacak. Sana bakacak başkası da yok. Şimdi eskisinden daha fakir olacaksın." demişler. İhtiyar, "Siz erken karar verme hastalığına tutulmuşsunuz." diye cevap vermiş. "O kadar acele etmeyin. Oğlum bacağını kırdı. Gerçek bu, ötesi sizin verdiğiniz karar. Ama acaba ne kadar doğru?

Hayat böyle küçük parçalar hâlinde gelir ve neler olacağını size asla bildirmez."

Birkaç hafta sonra, düşmanlar yaşadıkları yere saldırmış. Kral son bir ümitle eli silah tutan bütün gençleri askere çağırmış. Köye gelen görevliler, ihtiyarın kırık bacaklı oğlu dışında bütün gençleri askere almışlar. Köyü matem sarmış. Çünkü savaşın kazanılmasına imkân yokmuş, giden gençlerin öleceğini ya da esir düşeceğini herkes biliyormuş. Köylüler, yine ihtiyara gelmişler. "Yine haklı olduğun kanıtlandı." demişler. "Oğlunun bacağı kırık ama hiç değilse yanında. Oysa bizimkiler, belki de köye dönemeyecekler. Oğlunun bacağının kırılması talihsizlik değil şansmış meğer." İhtiyar, "Siz erken karar vermeye devam edin." demiş. "Oysa ne olacağını kimseler bilemez. Bilinen bir tek gerçek var. Benim oğlum yanımda, sizinkiler askerde… Ama bunların hangisinin talih, hangisinin şanssızlık olduğunu sadece Allah biliyor."

Lao Tzu, öyküsünü şu nasihatle tamamlamış:

"Acele karar vermeyin. Hayatın küçük bir dilimine bakıp tamamı hakkında karar vermekten kaçının. Karar; aklın durma hâlidir. Karar verdiniz mi, akıl düşünmeyi, dolayısıyla gelişmeyi durdurur. Buna rağmen akıl insanı daima karara zorlar. Çünkü gelişme hâlinde olmak tehlikelidir ve insanı huzursuz eder. Oysa gelişmek için gideceğiniz yollar asla sona ermez. Bir yol biterken yenisi başlar. Bir kapı kapanırken başkası açılır. Bir hedefe ulaşırsınız ve daha yüksek bir hedefin hemen oracıkta olduğunu görürsünüz."

Ne kadar güzel bir söz değil mi: "Karar; aklın durma hâlidir." Bazen etrafımızdaki insanlara, yaşadığımız olaylara ne kadar peşin hükümlü oluyoruz. Güzel bir şey olma ihtimalini düşünmüyoruz. Sonra zihin gerçekten üretmeyi bırakıp bir de üstüne tüketmeye başlıyor. Çok yakın bir zamanda deprem bölgesini ziyaret etmiştim. Orada bir kadınla tanıştım. Meme kanseri olmuş. Eşi, kadının meme kanseri olduğuna o kadar çok üzülmüş ki kalp krizi geçirip ölmüş. Kadın şu an gayet sağlıklı ve hatta üniversiteye başlamış. Gazetecilik kadının en büyük hayaliymiş ve yıllar sonra bu hayalini gerçekleştirmiş. Hasta olan yaşıyor, sağlıklı görünen ölüyor.

Kendi hayatımızda da benzer durumlar başımıza gelmiyor mu? Bir mevzu oluyor... Kendimizi o mevzuya öyle bir kaptırıp öyle bir üzülüyoruz ki günün sonunda bambaşka bir şey oluyor ve biz kendimizi şunu söylerken buluyoruz: "Boşuna stres yapmışım, üzülmüşüm. Hiç kendime dert ettiğim gibi olmadı." Hikâyedeki ihtiyarın da dediği gibi çoğumuz erken karar verme hastalığına tutulmuş olabiliriz.

İbrahim Hakkı, *Tefvîznâme* şiirinde ne demiştir: "*Mevlâ görelim neyler, neylerse güzel eyler.*"

Arada Sen de Bil...

Kadın uzun zamandır eşinin yüzüne baktığında onu sevmediğini hissediyordu ve her seferinde içinden şu cümleyi geçiriyordu: "Artık seninle yapamayacağım. Boşanmak istiyorum ama nasıl?" Aslında eşi kötü bir insan değildi ve evliliklerinde çözülmeyecek bir sıkıntı yoktu. Herkesin yaşayabileceği kadar problemler yaşanıyordu. Fakat kadın yıllar sonra şunu fark etti: Bu adam benim hayallerimdeki adam değil.

Neden yıllar sonra dediyseniz hemen cevap vereyim. Çünkü evliliğimizin ilk yıllarında aşk gözümüzü kör ediyor. Her sorunu halının altına süpürüyoruz. Yıllar içerisinde yeni insanlar tanıdıkça, alternatif hayatları gördükçe bir de eşinizden daha başarılı bir insansanız eşinizin yetersiz kaldığı konular gözünüze batmaya başlıyor. Yani halı, altına süpürdüklerinizi artık kapatamıyor.

Kadın hayat doluydu, gülüyordu, eğleniyordu, kendisiyle ilgilenmeyi seviyordu, ne istediğini biliyordu ve isteklerinin arkasından gidiyordu. Eşiyse tam tersi bir insandı. Kendine bu hayatta hiçbir şeyi layık görmeyen; kendini çocuklarına, karısına, işine adamış bir adamdı. Adamın neredeyse arkadaşı bile yoktu. Olan arkadaşları da yine kadının arkadaşlarının kocasıydı. En kötüsü de adamın bu hayatta bir şeyi başarmak gibi bir amacı yoktu.

"Mis gibi koca! Kadın daha ne istiyor?" diye aklınızdan geçirdiniz mi? Ben de olsam böyle bir eş istemezdim. Böyle bir kocaya mis gibi diyemeyeceğim.

İnsan, kendi hayatını başkasının etrafında döndürmeye başlayınca karşı tarafın nazarında değerini kaybediyor. Kadın olsun erkek olsun fark etmez, insan karşısında kendinden emin, ne istediğini bilen birini görmek istiyor. Sürekli "Sen bilirsin. Sen nasıl istersen öyle olsun. Ben sana uyarım." gibi cümleler kurmak sizi uyumlu bir insan yapmaz, sıkıcı bir insan yapar. Yenilecek yemeğe, gidilecek restorana, gezilecek yerlere bir kere de sen karar vermelisin. Sen bir planlama yapmalısın. Arkasında durduğun kararların olmalı. Gelişime açık olmalısın. Karşı tarafa, ona mecbur olduğunu hissettirecek davranışlarda bulunmamalısın. Sen eşinin emir kulu değilsin ki el pençe bir kenarda emir gelsin diye bekleyesin.

Aynı durum arkadaşlarımızla olan ilişkilerimiz için de geçerli. Kendini hiç edip sürekli onların isteklerine kulak veriyorsun. Sonra insanların elinde maşa oluyorsun. İnsanlar kendi elini yakmaktan korktuğu her yere seni uzatıyor ve bir gün o da senden sıkılıyor. Sadece ihtiyacı oldukça seni aramaya başlıyor. Çünkü ona kattığın bir şey yok. Seninle eğlenemiyor, sohbet edemiyor, bir anın tadını çıkaramıyor. Sıradansın çünkü...

Şu an bu anlattığım insanın sen olduğunu düşünüyorsan şimdi değişme vaktinin geldiğini de anla lütfen! İşe önce içeceğin kahvenin tadına karar vererek başla. "Ben ortama uyarım." değil, "Ben kahvemi sade alırım." diyeceksin. Elbet ortama uyacağın zamanlar da olacak ama ortama uyan hep sen olmayacaksın. Bugün güzel bir restorandan yer ayırt ve eşine de ki: "Seni yemeğe götüreceğim." Sen, "Ah hocam cepte para mı var, nasıl götüreyim?" bahanesine sığınmadan önce hemen açıklamamı yapıyorum: Maksat karşı tarafa bir duruşunun, kararının olduğunu hissettirmek. Sürekli "Sen bilirsin." diyen değil, arada "Ben de bilirim." diyen olabilmektir. İster yemeğe götür ister bir kursa yazıl istersen de bir kitap okumaya başla. Kendini bir konuda geliştir ve herhangi bir konuda başarılı olabileceğini göster.

Etkileyici İnsan Kimdir?

Ahmet artık evlenmeye karar vermişti. Başarılı, çekici, yakışıklı bir adamdı. Yakın arkadaşının vesilesiyle bir kadınla tanıştı. Kadın gerçekten birçok erkeğin hayalini süsleyecek güzellikte ve zenginlikteydi. Tam o sıralar Ahmet'in müdür olarak çalıştığı iş yerine yeni bir sekreter başladı. Sekreter hanım diğer kadın kadar güzel olmasa da hoşsohbet ve güler yüzlü bir insandı. Sekreter hanım Ahmet'in gününü ve randevularını planlıyor, toplantı için gerekli olan ön hazırlıkları yapıyordu. Ahmet Bey; sekreter hanımın çalışma isteğine, azmine, düzenine hayran kalmıştı. Üstelik bu kadıncağız yıllar sonra üniversiteye başlamış hem okuyor hem de çalışıyordu. Çocuğunu asla görmeyen bir babaya rağmen çocuğuna en iyi şartlarda bakıyor, hayıflanmadan, sitem etmeden hayatını en güzel şekilde yaşıyordu. Bu durum Ahmet'i çok etkilemişti. Güzel ve zengin olan kadınla değil, bu sekreter hanım gibi bir kadınla daha mutlu olacağını düşündü. Uygun bir dille diğer kadına ilişkilerinin devam edemeyeceğini söyledi. Daha sonra da sekreter hanımın gönlünü kazanmak için elinden geleni yapmaya karar verdi ve sonunda da onunla evlendi. Yakın arkadaşı bu duruma çok şaşırdı ve Ahmet'e sohbet esnasında sordu:

"Neden zengin, güzel ve daha önce hiç evlenmemiş biriyle değil de kendi sekreterin ile evlendin?"

Ahmet'e bu soruyu neredeyse herkes sormuştu. Arkadaşına gülümseyerek cevap verdi:

"Çünkü sekreterim yani Ayşe, güler yüzlü ve hoş sohbet bir insandı. Onunla konuşurken çok keyif alıyordum. Üstelik her konu hakkında konuşabiliyorduk ve bir konu üzerinde uzun uzun tartışabiliyorduk. Ayşe, yaşadığı tüm zorluklara rağmen hayal etmeyi bırakmamış bir insandı. Yıllar sonra üniversiteye başlamış olması benim içimde körelmiş umutları bile yeşertti. Aynı zamanda insan biri ile evlendiğinde yanına süs eşyası değil, yol arkadaşı almış oluyor. Güzelliğin ve zenginliğin mutluluk sebebi olmadığını ben çok iyi biliyorum. Ben kendime bir eş değil, aynı zamanda çocuğuma bir anne de seçmiş oldum. Ayşe'nin kendi evladına gösterdiği annelik beni çok etkiledi. Benim çocuklarımın annesi Ayşe kadar akıllı ve sevgi dolu bir kadın olmalıydı. Üstelik çok gururlu ve ne istediğini bilen bir insan. 'Bir adama âşık oldum.' deyip kimseye kendini köle etmeye de niyeti yok. İşte bu dik duruş asıl beni etkileyen oldu. Şu an birçok kadının ve erkeğin gözü aşktan kör oluyor, gerçekleri görmezden geliyor. Güzel ve zengin olan arkadaşımız Serap'ın sohbetinden hiç keyif alamadım. Hayatta tek amacı; gezmek, yemek, içmek, eğlenmek, süslenmek olan bir insan ile ben yuva kuramam. Üstelik benim gönlümü, bana pahalı hediyeler alarak kazanacağını zannetmesi hiç hoşuma gitmedi. Ben bana değer katan bir insan ile daha mutlu olacağım için Ayşe ile evlenmeye karar verdim. Ayşe olmasaydı bile yine onun gibi biri ile evlilik kararı alırdım."

Örneğimiz evlilik üzerine oldu ama asıl vermek istediğim mesaj anlaşıldı sanırım. Bir yerde var olmak, kabul görmek; zenginlik ve güzellik ile olacak şeyler değil. Kendimizi mutlu ve değerli hissetmek istiyorsak önce kendimize değer katmalıyız. Bugün bir arkadaş seçerken bile güvenilir, güler yüzlü, hoşsohbet ve kendini bilen insanları tercih etmeye çalışıyoruz. Tabii insanların tercihleri kendi karakterleri ile de ilgili oluyor. İçi bomboş insanın çevresindeki insanlar da bomboş oluyor. Çünkü hayat görüşünüze uygun insanlar ile yakınlık kuruyorsunuz. Bomboş bir insan da sizi rahatsız etmemiş oluyor. Yiyelim, içelim, güne gidelim, dedikodu yapalım, kahveye gidelim, okey oynayalım, maç veya dizi izleyelim, yemek yiyelim, üreyelim ve uyuyalım. Bazı insanların hayattan beklentileri sadece bunlar oluyor. Çevremizdeki insanlar aslında kendimiz hakkında bize önemli ipuçları veriyor. Çünkü etrafında senin gibi insanlar var. Acı ama gerçek olan bu... Ya da bizim müsaade ettiğimiz davranışlar var. Çünkü insanların size verdikleri ve kattıkları, sizin müsaade ettiklerinizdir.

Kendinizi iyi hissetmek istiyorsanız kendinize değer katacak işler ile meşgul olun. Bir kursa gidin, bir dil öğrenin, her gün yeni bir bilgi edinin. Bilginiz ve kendinize kattıklarınız ne kadar değerli olursa siz de kendinizi o kadar değerli hissedeceksiniz ve insanlar sizin kendinize kattığınız değer kadar değer verecek size. Bir ortama girdiğinizde bilginiz kadar orada var olacaksınız, karakteriniz kadar saygı göreceksiniz ve gülüşünüz kadar da sevileceksiniz, bunu asla unutmayın.

Sözler Baltadan Daha Keskin Olmamalı

Üzerinde uzun uzun düşünmeme sebep olan bir hikâye okumuştum. Hikâyenin en sonunda da şu yazıyordu: "*Sözler baltadan daha keskin olmamalı.*"

Solomon Adaları'nda yaşayan yerlilerin ilginç bir ağaç kesme yöntemi varmış.Baltayla kesemedikleri çok büyük ağaçlar için kullandıkları bir yöntem: "Ağacı aşağılamak"

Fiziksel olarak çok güçlü birini, on kişi belki yumruğu ile deviremez ama bir kişi gelir öyle bir laf söyler ki; on kişinin yapamadığını bir sözü ile yapar. Sanırım o yüzden söylenmiş: "Söz baltadan daha keskin olmamalı."

Yerliler kesemedikleri ağacın karşısına hep birlikte dizilip bir ağızdan ağaca kötü sözler söylüyorlarmış. Bu davranışın temelinde yatan şey ise ağacın içinde bir ruh taşıdığına inanıyor olmalarıymış. Kötü sözlerin bu ruhu etkileyip ağacı terk etmesini bekliyorlarmış. Gerçekten de bir süre sonra ağaç kurumaya başlıyor ve ardından da devriliyormuş. Bu hikâye doğru mudur bilemiyorum ama bu hikâyeden çıkarmamız gereken dersin çok önemli olduğunu biliyorum.

Her gün zihnimizden geçirdiğimiz onca olumsuz cümle, yaptığımız dedikodular, arkasından söylendiğimiz insanlar, insanlara ettiğimiz hakaretler, küfürler kim bilir onların ruhunda neleri kurutuyor?

Veee tabii kendimize her gün söylediğimiz onca kötü söz: "Çok çirkinim. Yaşlandım. Kötü gözüküyorum. Beceriksizim. Aptalım. Enayinin tekiyim. Sevilmeyi bile hak etmiyorum. Hayat çok zor. Benden bir halt olmaz. Ben bu işi yapamam. Kim beğensin beni?"

Bedeni sizce iskelet sistemi mi ayakta tutuyor yoksa ruhtaki sistem mi? Kemikleriniz istediğiniz kadar sağlam olsun eğer ruh hâliniz sağlam değilse hemen omuzlarınız ve kafanız önünüze düşer. Ama sizi heyecanlandıran, mutlu eden, umut veren bir mevzu varsa hemen gökyüzüne doğru bakmaya başlarsınız. Çünkü bedenin iskeleti ruhtur, ruhun iskeleti duygu, duygunun iskeleti düşüncedir. Düşünce güzelleştikçe ruh, ruh dikleştikçe beden dikleşir.

Bugün kendimize söylediğimiz her söz, ruhumuzdan ya bir parça eksiltiyor ya da ruhumuza bir parça katıyor. Eğer ruhumuzun güzelliklerinin eksilmesine izin veriyorsak bir gün bizi de ruhumuz terk ediyor ve bir balta darbesiyle yıkılıyoruz.

Hayatında yeni bir rota oluşturmak istiyorsan önce cümlelerini değiştirmen gerekiyor. Hem kendine karşı hem de etrafındaki insanlara karşı. Çünkü iyi veya kötü sözü kime söylediğiniz önemli değil. Başkasına da söyleseniz ruhunuz buna şahitlik ediyor. Başka birinin ruhuna vurulan her balta darbesi sizin enerjinizden alıyor. Cümleni değiştir, rotan değişsin.

Cümle Değişirse Ne Olur?

Çok önemli bir şey olur. Hem de çoookkkk. Çünkü kurduğumuz her cümle bir duyguya sebep oluyor. Peki, duygu nerede yaşanıyor? Ruhta! Yani kurduğunuz her cümle ruh sistemine işleniyor. Cümleleri anlamlı kılan kelimeler değil, o kelimelerin bizde ve insanlarda hissettirdiği duygulardır.

Genç kız üniversiteyi yeni bitirmişti. En büyük hayali iyi bir şef olmak ve bir gün kendi restoranını açmaktı. Büyük bir heyecanla iş ararken bir otelin mutfağında şef yardımcısı olarak işe başlamayı başardı. Heyecanla başladığı işinde en lezzetli tatlıları o yapacaktı. Yeni tarifler deneyecekti. Kimsenin daha önce tatmadığı bir tarif geliştirecek ve herkes bunun bağımlısı olacaktı. Mutfağa girdiği ilk gün unu devirdi. Sonra yumurta kolisini düşürdü. Ertesi gün yaptığı muhallebi taş gibi oldu. Bir sonraki gün kek yandı. Dördüncü gün o bıcır bıcır heyecanlı kız gitti, yerine umutsuz daha da sakar bir kız geldi. Hiç böyle hayal etmemişti... Beşinci gün şefinin yanına gitti ve dedi ki: "Sanırım ben bu işi yapamayacağım. Bir sürü hata yaptım. Ben beceriksiz bir aşçıyım." Mutfaktaki şef güldü ve dedi ki: "Sen sakar ve beceriksiz değilsin. Sen mutfağa yeni girmiş, mutfağa alışmaya ve tatlı yapmak için tecrübe edinmeye ihtiyacı olan bir aşçısın." Genç kız bir anda gülümsedi, omuzlarını ve başını yukarı kaldırdı ve içinden şunu söyledi: "Ben beceriksiz değil, tecrübe edinmeye ihtiyacı olan bir aşçıyım." Sonra şefine gülümsedi. "Teşekkür ederim!" diyerek yeniden muhallebi yapmaya başladı. Zamanla o genç kızın tatlıları, herkes tarafından çok sevildi.

Yürümeyi öğrenmeye çalışan bir çocuğa, "Ne beceriksizsin bir yürüyemedin. Bence sen yürümeyi bile beceremiyorsun. Koşmayı deneme!" diyor muyuz? Demiyoruz değil mi? Elinden tutup yürümeyi öğrenmesi için destek oluyoruz. Konuşmayı öğrenen çocuğa kelimeleri tekrar ettiriyoruz. Okula yeni başlayan bir çocuğa harf gösteriyoruz. İşte hayatın her anı böyle. Sürekli yeni bir şeyler öğreniyoruz. Bir bebek düşmeden yürümeyi öğrenebilir mi, hecelemeden konuşabilir mi, harf bilmeden okuyabilir mi? Bugün yetişkin olarak yaşadığınız her başarısızlıkta çocukluğunuz yani yürümeyi, konuşmayı, okumayı öğrendiğiniz zamanlar gelsin aklınıza. Düştük diye yürümekten vazgeçtik mi?

Bazen bir cümle çok şeyi değiştirir. Kurduğumuz cümleler ne kendimizin ne de başkasının umutlarının katili olsun. Umutlarını yeşerten; su, toprak, güneş olsun.

Kelebek Etkisi...

Yaklaşık bir ay önce yirmilik dişimi çektirmeye gittim. Doktor, "Önce diş taşlarınızı temizleyelim, bir hafta sonra da dişinizi çekelim." dedi. Diş taşlarımı temizledi ve diş etlerinizde iltihaplanma olmuş, diyerek antibiyotik verdi. Bir hafta sonra da dişimi çektirmeye gittim. Yıllardır aynı doktora gittiğim için yeni bir röntgen çekmedi. Daha önce çekilmiş ve sistemlerinde kayıtlı olan diş röntgenime baktı. Sonra ağzımın içini uyuşturup dişime asılmaya başladı. Asılıyor asılıyor, gelmiyor. Asılıyor asılıyor, gelmiyor. Uzun uğraşlar sonucu dişimi çekti ama parçalayarak. Dişim üç köklüymüş, röntgende üçüncü kökü görememiş. Diş kökünün ikisi damağımın içinde kaldı. Bu sefer kökleri almak için damağımı yarması gerekti. Basit bir diş çekimi cerrahi operasyona döndü. Neyse işlem bitti. "Sana antibiyotik yazacağım." dedi. "Doktor hanım, siz bana geçen hafta da antibiyotik vermiştiniz." deyince "Aaaa doğru, o zaman vermeyelim." dedi ve bir tane antibiyotik iğne vurdu. Ama benim dişim iyileşemedi. Biraz enfeksiyon gelişti, ödem olduğu için yüzüm şişti. Yemek yiyemedim. Doktor hanım mecburen bana antibiyotik vermek zorunda kaldı.

Doktorun üst üste yaptığı hatalar, benim yirmi gün ağrı çekmeme ve iki kutu antibiyotik kullanmama sebep oldu. Tabii ben de ister istemez doktora sinirlendim. Kontrole gideceğim gün eşime dedim ki: "Doktorun dalgınlığı ve dikkatsizliği yüzünden gereksiz yere iki kutu antibiyotik içtim. Ağzımın içi parçalandı. Günlerdir de ağrı çekiyorum. Bugün kontrole gittiğimde ona tepkimi göstereceğim." Eşim, "Sen bilirsin ama yine de sakin ol." dedi, beni doktorun ofisine bıraktı.

Kontrolden sonra iş yerimize döndük. Eşim ofise girince sordu: "Doktora bir şey dedin mi?" "Demedim." dedim. "Çok kızgın duruyordun? Bir şeyler söylersin diye düşündüm." dedi. Ben de "Aslında içeri girerken günlerdir çektiğim acı yüzünden çok gergindim. Ama doktor dişimi kontrol ederken şunu düşündüm: Şimdi ben doktora söylensem onun da canı sıkılacak. O can sıkıntısı ile tüm gün diğer hastalara bakacak. Olumsuz enerjisi; tedaviye gelen hastalara, hastalardan onların ailelerine geçecek. Sonra doktor eve mutsuz gidecek. Belki eşine ya da çocuğuna patlayacak. Sonra doktorun hastaları, eşi, çocuğu o gün kötü bir gün geçirmiş olacak. Birinin canını sıkacak şeyler söylediğinde insan önce kendi canını sıkıyor. Belki doktor, beni daha da sinirlendirecek bir şey söyleyecekti ve ben daha da sinirlenecektim. Doktorun yanından o sinirle çıkınca benim gerginliğim başkalarına geçecekti. Hepsini bu şekilde hayal edince 'Aman ne gerek var' deyip vazgeçtim. Ama bir daha o doktora gitmeyeceğim." dedim. Eşim güldü, sonra herkes işine döndü.

Herkes bir mevzuya kızabilir. Bu çok normaldir. Üzülmek, sevinmek, şaşırmak nasıl normal bir duyguysa öfkelenmek de normaldir. Normal olmayan, bu duygularımızı abartılı bir şekilde yaşamak ve yaşatmaktır. Evet, ben de öfkeliydim ama öfkemi etrafa sıçratmadan yaşamayı başardım. Tabii bunu bir günde öğrenmedim. Ne çok kalp kırmışımdır ne çok gözyaşı döktürmüşümdür bu olgunluğa gelinceye kadar. İnsan etrafa sıçrattığı alevin günün sonunda kendine döndüğünü görünce bu ateşi söndürmeyi zamanla öğreniyor. Öfkemizi söndürecek olan su; yüreğimizdeki merhamet, bunu unutmayın!

Sen Neyi Besliyorsun?

Yaşlı adam ve torunu kulübenin önünde hem güneşlenip hem de az ötelerinde birbirleriyle boğuşup duran biri ak, biri kara iki köpeği izliyorlardı. Bunlar, yaşlı adamın sürekli gözünün önünde tuttuğu, yanından ayırmadığı iki iri köpekti. Çocuk köpekleri izlerken; "Kulübeyi korumak için biri yeterli, neden iki taneler ve neden biri siyah, biri beyaz?" diye düşündü. Merakla dedesine sordu: "Dede bu kulübeyi korumak için bir tane köpek yeter. Sende neden iki tane var? Bir de neden bunlardan biri siyah, diğeri ise beyaz?" Yaşlı adam, gülümseyerek torununun başını sıvazladı.

"Onlar benim için iki simgedir evlat. İyilik ile kötülüğün simgesi. Aynı şu gördüğün köpekler gibi... İyilik ve kötülük içimizde sürekli mücadele eder durur. Onları seyrettikçe hep bunu düşünürüm. Bunun için onları yanımda tutarım." Çocuk sözün burasında, mücadele varsa kazananı da olmalı, diye düşündü ve dedesine sordu:

"Peki, sence hangisi kazanır bu mücadeleyi?"

Bilge adam, derin bir gülümsemeyle baktı torununa ve:

"Hangisi mi evlat? Ben hangisini daha iyi beslersem o!" dedi.

Peki Hayatınızda Siz Neleri Daha Çok Besliyorsunuz?

Şimdi benim hikâyeme geri gelelim. Sonuçta olan olmuştu. Geriye dönüp "Bana şimdi antibiyotik vermeyin. Haftaya dişimi çekeceksiniz, o zaman verirsiniz. Bu röntgen eski, siz bir daha çekin." deme şansım var mı? Yok!

En azından öfkeyle olmasa bile yapılan hataları doktora ifade edebilirdiniz, diye düşünebilirsiniz. Evet, edebilirdim ama o an şunu düşündüm: Ben bu doktora yıllardır gidiyorum. Belki zor günler geçiriyordu ve o zor günlerin verdiği dalgınlık ile bunlar yaşandı. Daha önce böyle bir şey olmamıştı. İşinde de iyi bir doktor ama ne kadar iyi olursa olsun sonuçta o da bir insan, hata yapabilir. Ne kadar nazik söylersem söyleyeyim söylediklerim onu üzecekti. Belki yine diyeceksiniz: "Siz onun hatasını söyleseydiniz doktorun başkalarına daha dikkatli davranmasını sağlardınız." Doktor hanım zaten yaptığı hatayı fark etmeyecek bir insan değil. Bunu söylemek, biri bardak kırdığında "Bardağı kırdın." demek gibi geldi. Sonuçta bardağı kırdığını o da görüyor. Eminim o da böyle olsun istemedi ve çok üzüldü. Ben eminim ki bundan sonra eski bir röntgene bakıp işlem yapmayacaktır ve dikkatli olacaktır.

Hayatımız boyunca yaşadığımız olaylardan dolayı içimizde iyi ve kötü yanlarımız birbiriyle hep bir mücadele hâlindedir. Sevgi, saygı, paylaşma, yardımlaşma, empati gibi güzel duygulara sahip olurken aynı zamanda kin, öfke, nefret, kıskançlık, intikam gibi duyguları da içimizde barındırırız. Bir olay karşısında birçok duyguyu aynı anda hissedebiliriz. İşte o noktada duygularımız bizi harekete geçirir. Harekete geçtiğimiz an, özellikle olumsuz duyguları yaşarken bunun davranışa döndüğü andaki sonuçlarını mutlaka düşünmek lazım. Hayat seçimlerden ibarettir. Bize ve çevremize iyi gelenleri seçtiğimizde içimizdeki ve çevremizdeki iyiliği, kötüleri seçtiğimizde içimizdeki ve çevremizdeki kötülüğü büyütmüş oluruz. Kin ve nefretin yüreğimize yük olduğunu bilelim. Yüreğimizi kin ve nefretten uzaklaştırdıkça sevgiye daha çok yer açılacaktır.

İnsanın da yüreği yüzündedir. Yüreğinizdeki sevgi, kin ve nefret yüzünüze yansır. İnsanların yüzüne bakarak yüreklerinde ne taşıdığını görebilirsiniz.

Önceden IQ Önemliydi, Şimdi EQ

Sinirle girdiğim yerden sakin bir şekilde çıkmama sebep olan hangi duyguydu? Empati değil mi? Öfkemizi birine kusmadan önce yaşadığımız olayı çok yönlü düşünmek lazım. O an ile değerlendirmek karşımızdaki insanlara yaptığımız en büyük haksızlık oluyor. Genelde anlık mevzulara takılıp bir bütünü göremiyoruz. Çocuğumuza, eşimize, dostlarımıza farkında olmadan bunu yapıyoruz. Bizi sırtında kırk yıl taşıyan, bir gün indirdi diye o indirdiği güne odaklanmayalım. Hem biliyor musunuz, bugün duygusal zekâsı gelişmiş insanlar evlilik, iş ve sosyal hayatında daha başarılı oluyor. Yani empati kurmak, paylaşmak, iyilik hâlinizi korumak, ekip ruhu oluşturmak sizi enayi yapmaz, hayatınızın birçok alanında başarılı yapar. Nasıl mı?

Yıllar önce tarım ve hayvancılık ile uğraşan toplumlar olduğumuz için beden gücü önemliydi. Makineler olmadığı için neredeyse her işi insanlar yapıyordu. Teknolojinin gelişmesi ile sanayileşme gelişti ve beden gücü önemini yitirmeye başladı. Artık kaslı, güçlü insanlara değil, o makineleri yapacak zeki insanlara ihtiyaç duyuldu. İşte o dönemde insanlara IQ testleri yapılmaya başlandı. Bugün ise gelmiş olduğumuz noktada EQ daha fazla önem taşıyor.

IQ; insanların bilişsel olarak ne kadar akıllı olduğunu ölçerken EQ; insanların kişisel, sosyal ve duygusal zekâlarını ölçer. Duygusal zekâsı (EQ) yüksek olan insanlar pozitiftir, güler yüzlüdür, paylaşımcıdır, empati yeteneği yüksektir, bir olayı çok yönlü düşünür, kendisinin farkındadır, nazik ve anlayışlıdır, krizi iyi yönetir. Şimdi düşünün bakalım; fen bilgisi, matematik gibi derslerde başarılı olanlar mı hayatta daha başarılı olur yoksa insan ilişkileri iyi olanlar mı? Her ikisi bir arada olursa tadından yenmez, o ayrı bir konu. Benim bir anne olarak tercih yapabilme şansım olsaydı çocuğumun EQ' su yüksek olsun isterdim.

Peki neden böyle düşünüyorum? Çünkü olumlu, çözüm odaklı, pozitif insanlar, girdikleri her ortamda dikkatleri hemen üstüne çekerler. Öğrenmeye, ekiple çalışmaya, gelişmeye açık oldukları için kendisiyle aynı pozisyonda olan insanlara hemen fark atarlar. Birkaç gün önce çok yakın bir arkadaşım Eskişehir'de bir okula iş görüşmesine gitti. Arkadaşım çok güler yüzlü, tatlı dilli, kendinden emin, bir o kadar da alçak gönüllü bir insandır. Okul idaresi ondan önce birçok kişi ile görüşmüş. Hatta görüştükleri eğitimciler arasında ODTÜ mezunu ve yüksek lisans yapanlar bile varmış. Bilin bakalım işe kim alındı? Benim arkadaşım. Okul idaresi arkadaşımı işe alırken de şöyle bir açıklama yapmış:

"Sizden önce buraya eğitim kariyeri yüksek birçok insan geldi ama sizin kadar olumlu bir enerji alamadık. Sizin, bizim okulumuzda idareci olarak çalışmanız hem veliler hem de öğretmenlerimiz açısından çok büyük bir şans olacak. Ekip ruhunu okulumuzda yaşatacağınızdan ve insanlarla iyi ilişkiler kuracağınızdan eminiz."

Bakın artık hangi okuldan, hangi dereceyle mezun olduğunuz o kadar önemli değil, iletişim kurma adına yaptığınız kariyer daha önemli. Kendinizden pay çıkarın. Suratsız, olumsuz bir profesör ile mi arkadaş olmak istersiniz yoksa anlayışlı, güler yüzlü, güvenilir bir garsonla mı? Ben kesinlikle garsonu seçerdim. Şu dönemde maalesef ki çocuklarımızı ve kendimizi sisteme kurban ediyoruz. Çocuklar kitaplardaki soruları çözmeye çalışırken hayatın içindeki soruların cevaplarını kaçırıyorlar. Oysa hayat, hayatın içinde deneyimledikçe öğrenilir. Bu arada matematik, fen bilgisi, kimya, biyoloji gibi dersler önemli değil demek istemiyorum. Bu alanlardaki bilginiz tabii ki çok önemli ama bu alanlarda çok başarılı olup iki kelimeyi bir araya getiremeyen insanlar iş, evlilik, sosyal hayatında başarılı olma konusunda daha çok zorlanıyor. Ama bunları bilmeyip sosyal ilişkileri iyi olan insanlar birçok alanda başarılı olabiliyor.

Mesela ben, hiçbir zaman çok başarılı bir öğrenci olmadım, okul birinciliğim falan da yoktu, matematiğim berbattı ama bugün başarılı bir insan mıyım? Evet, diye cevap verdiğinizi varsayıyorum. En azından ben başarılı olduğumu düşünüyorum. Dişçiye göstermiş olduğum tavır benim duygusal zekâmın bir ölçütü aslında. O gün enerjimi dişçiye kızarak değil, oturup bu kitabımı yazarak ve sevdiklerimle mutlu bir şekilde vakit geçirerek harcadım. Bugün öğrendiklerimi sizlerle paylaşmaya çalışıyorum. Ülkemin insanları için kafa yoruyorum. Kitaplar yazıyorum. Motivasyon videoları çekiyorum. Bunların hepsini de ülkemin insanlarına faydalı olmak için yapıyorum. "Aman bir benim söylememle mi olacak?" demiyorum. İnsanların EQ'su yüksek olunca çalıştığı alanda zirveyi görmeden pes etmiyor.

Bugün hem kendinizin hem de çocuklarınızın EQ'sunu yükseltmeye çalışın. İşe tebessüm etmekle başlayabilirsiniz. Mevzulara tebessüm etmeyi başardığınız gün pozitif bir insan olmaya başlıyorsunuz. İnsanlar ile empati kurun. Size yapılmasını istemediğiniz şeyleri başkalarına yapmayın. Kazandıklarınızı paylaşın. Birine yardım edin. Sokakta yanınızdan geçen yabancıya selam verin. İş yapan birine "Kolay gelsin." deyin. Komşunuza pişirdiklerinizden ikram edin. İş arkadaşınıza sebep yokken hediye alın. İnsanları eş, kayınvalide, iş arkadaşı, komşu diye sıfatlandırmadan insanlara sadece insan nazarıyla bakıp muamele edin. Sıfat olmayınca beklenti de olmuyor.

Doğadaki her canlının yaşama hakkına saygı duyun ve onlara yardımcı olun. Yani çiçek sulayın, hayvanlar için mama alıp sokağa bırakın. Kendinize vakit ayırın. Sessiz bir ortamda hiçbir şey ile ilgilenmeden bir kahve için ve içtiğiniz kahvenin tadına varın. Kendinize ve insanlara iltifat etmekten çekinmeyin. Yaşadığınız sıkıntılara hikmet nazarıyla bakın. Dertlerinize müsaade edin size öğretmesi gereken güzellikleri öğretsin. Tevekkül edin. Çaba verin, pes etmeyin, dedikodu yapmayın, her gün yeni bir bilgi öğrenin ve en az bir mevzuya kafa yorun… İşte sizin EQ'nuzu yükseltecek ilacın reçetesi burada.

Sessizliğe Doğru Yürüyün

Gürültü çıkarmak, arkasından farklı gürültüleri getirir. En karmaşık zamanlarda yapılması gereken: Gürültü çıkarmadan sana çiçek açtıran yollara yürüyerek insanları, sana yorgunluk veren mevzuları arkanda bırakmaktır. Ama zannediyoruz ki susarsak aptal yerine konmuş oluruz. Kendinizi bir insana karşı sürekli açıklama yaparken buluyorsanız açıklama yapmayı bırakıp o insana karşı kendinizi sessiz moda almalısınız. Çünkü sizi anlamak isteyen insanın cümlelere ihtiyacı yoktur. Onlar sizi bir bakışınızla bile anlar. Değer verdiğimiz insanlar bizi üzdüğünde ve üzmeye devam ettiğinde kendimizi zamanla bir çıkmazın içinde hissederiz. Bir türlü çekip gitmeyi de başaramayız. Verdiğimiz o içsel savaşın içinde boğuşup dururuz. Ortada bir değer yoksa anlam da yoktur. İnsanlara vermiş olduğunuz değeri onlardan alınca artık ortada bir anlam kalmıyor. Anlam kalmayınca o insanlar size, iç dünyanızda yabancı oluyor. Yabancı biri de artık sizi üzmeyi başaramıyor. Birine belki evinin kapısını kapatamazsın ama gönlünün ve zihninin kapısını kapatabilirsin. İşte bunu başardığın gün o insandan gitmiş olursun.

Çünkü gitmek her zaman fiziksel olmuyor. Giderken bavullara, yollara, biletlere de ihtiyaç olmuyor. Gitmek zihinsel bir süreçtir. Bin kilometre uzakta ol; kendinle insanları, meseleleri gittiğin yere götürüyorsan gitmiş sayılmazsın. Bir koltuk yakınında ol ama senin için bir anlam ifade etmiyorsa insanlar, olaylar, söylenenler işte o zaman gitmiş oluyorsun. Bazen o kafa tuttuğunuz, kendinizi korumak ya da anlatmak zorunda olduğunuz yerden gitmeyi bilmelisiniz. Gitmeniz gereken yeri bildiğiniz gibi durmanız gereken yeri de bilmelisiniz.

Herkesten Farklı Olmak İstiyorsan...

Nasıl olsa biri bu işi yapar diye düşünmeden o işe ilk el atan siz olmalısınız.

Yani yerdeki çöpü nasıl olsa biri kaldırır diye düşünmeden onu yerden alıp çöpe atan,

Herkes kırmızı ışıkta geçiyor ben de geçeyim demeden kırmızı ışıkta bekleyen,

Yapsam ne değişecek demeden gerektiğinde son ana kadar uğraşan,

Ne kadar kaybedersen kaybet yeniden var olmaya çalışan,

"O bana geldi mi?" diye düşünmeden insanların iyi ve kötü gününde yanında olan,

Kendisine kötülük yapmaya çalışana iyilik dileyen,

Kazandığını paylaşan, sevgisini hissettiren,

Gerektiğinde almadan veren de siz olmasınız. Yani siz hep insanlığınızdan bir şey kaybetmeden siz olmalısınız. Çünkü sizi herkesten farklı ve başarılı yapacak olan şey aslında vicdanınız ve insanlığınızdır. Yapamam, başaramam, söyleyemem, insanlar hak etmiyor, ben hak etmiyorum diye düşünüp ne kendinize karşı insan gibi davranmaktan vazgeçin ne de başkalarına karşı. Bu davranışları kimseden alkış almak ya da takdir toplamak için değil de insanca davranışlar olduğu için yapmak sizi küçük hesapların büyük üzüntülerinden uzak tutar.

Hayat Bir Otobüs Yolculuğu....

Buraya kadar olan kısımda insanlara karşı olan duruşumuz hakkında konuştuk. Şimdi biraz da kendimize karşı duruşumuzu konuşalım.

Ben hayatı otobüs yolculuğuna benzetirim. Bu otobüse bindiğimiz durak, zaman ve birlikte bindiğimiz insanlar belli ama otobüsten ne zaman, kimlerle, hangi durakta ineceğimiz belli değil. Bu yolculukta bazen yolcular bazen de gittiğiniz yollar değişecek. Bazı yolcular bir daha hiç binmemek üzere otobüsten inecek, belki inenlerin bir kısmı geri binecek. Bazen virajlar döneceksin bazen yokuşlar tırmanacaksın.

Manzaran bazen deniz, orman olacak; bazen boş bir tarla, bazen de bir çöp yığını. Karanlıkta gittiğin zamanların olacak, aydınlıkta gittiğin zamanların da... Bazen gülüp bazen ağlayacaksın. İstemediğin yollara sapacaksın, görmek istemediğin manzaralara bakacaksın. Fakat yol ne kadar zor olursa olsun, bu yolu bir süre gittikten sonra bir gün mutlaka o otobüsün şoförü sen olacaksın.

O dakikaya kadar gittiğin yola ve yol arkadaşlarına bir başkaları karar verirken direksiyona geçtiğin gün karar veren sen olacaksın.

- Doğduğun evi seçemedin.
- Doğduğun mahalleyi seçemedin.
- Anneni, babanı, akrabalarını seçemedin.
- Ailenin ekonomik durumunu ve eğitim seviyesini seçemedin.
- Gideceğin yolu ve bu yolda birlikte olacağın yolcuları da seçemedin.
- AMA ARTIK ŞOFÖR SEN OLDUĞUNA GÖRE SEÇİM HAKKI SENDE.

Bu otobüsün şoförü sensin artık. Gitmek istediğin yollar, yolculuk etmek istediğin insanlar, görmek istediğin manzaralar genellikle senin tercihinde olacak. Tabii önce acemilik çekeceksin, korkacaksın, hata yapacaksın, yanlış yollara sapacaksın. Şundan kesinlikle emin ol: Yaptığın her hata, bir doğru olarak hayatına geri girecek. Sen sadece yaşadığın her zahmete rahmet nazarı ile bak. Yola devam etmekten korkma. Gerektiğinde rotanı ve otobüsüne aldığın yolcuları değiştir, ısrarcı olma. Kimseyi kendine yük etme. Yolda bulduklarını yola çıktıklarınla değiştirme. Seninle yola çıkanların tecrübelerinden faydalan ama asla direksiyonunu bir başkasına teslim etme. Yol senin yolun. Gitmediğin, zahmetini çekmediğin, kaybolmadığın yolların rehberi olamazsın. Her kayboluş yeniden bir buluştur. Ne kaybolmaktan ne de yeni bulduğun yollara ve yolculara fırsat vermekten kork. Çünkü yol ne kadar uzun olursa olsun bir gün son durağa geleceksin ve sen de bir daha binmemek üzere bu otobüsten ineceksin ve artık o otobüsün şoförü başkası olacak.

İşte son durağa geldiğinde insan, o otobüsten inerken ne bu dünyada kazandığı parayla ne mesleği ne oturduğu evi ne de bindiği arabasıyla iniyor. İnerken iki şeyi düşüneceksin: Biri vicdan azabın, diğeri de vicdan rahatlığın. Eğer vicdanın rahatsa bu otobüsten inerken diyeceksin ki: "Nasıl güzel bir yolculuktu. Yoruldum ama değdi." Ama vicdanın rahat değilse diyeceksin ki: "Keşke bu yolculuğu bir kere daha yapabilsem. Gezip gördüğüm yerlerden hiçbir şey anlamadım. Yorulduğumla kaldım."

Sen bu yolculukta ne yorulan ol ne de yoran... Heybende olan, vicdan rahatlığın olsun.

Bu O Kadar Kolay mı?

"Evet, kolay!" demeyeceğim tabii... Hem ne kolay ki? Her şey bir gayretin sonucu değil mi? Ağzını oynatmadan karnını doyuramıyorsun. Ayağa kalkmadan yürüyemiyorsun. Elinde bin tane sebze olsun, sen onları doğrayıp ocağa koymadan yemek olmuyor. Bir bebek dünyaya gelmek için kendini doğum kanalında var gücüyle itiyor. Yani her şey bir emeğin sonucu.

Ben senin derdini çekmeden seni asla anlayamam. O yüzden sana burada büyük büyük laflar söylemeyeceğim. Sadece seninle naçizane kendi hayat tecrübemi paylaşacağım. Ben ne anlatırsam anlatayım, sen sadece payına düşeni alacaksın. Bu pastadan seni mutlu edecek en büyük payı almaya gayret et.

Birine pire kadar küçük gelen mevzu, diğerine deve kadar büyük gelebilir. Herkesin acıyı hissetme eşiği ve yorumlama şekli birbirinden farklıdır. Daha mutlu, başarılı, özgüvenli olman için nasıl bir çaba vereceğine belki bir nebze de olsa faydalı olabilirim. Ama diyorum ya işte çaba vermen gerekir. Önünde bin tane mutluluğa giden yol olsun, yürümek için çaban yoksa yine olduğun yerde sayacaksın.

Her şey bir niyetle başlar. Geçinmeye niyet eden geçiniyor, sevmeye niyet eden seviyor, düzeltmeye niyet eden çaba veriyor. Hadi sen de kendin için bir niyete gir.

Hani söylemiştim ya! Bu dünyaya seçemediğin bir ülkede, seçemediğin bir inanç ve kültür sistemine, seçemediğin insanlarla geldin. Belki de sana bu hayatta en büyük sıkıntıları kendi ailen yaşattı. Belki anne ve babası tarafından sevilmemiş, değer görmemiş, hakkı gözetilmemiş, başarmasına izin verilmemiş bir insansın. Belki de sırtında seni gittikçe kambur eden duygusal bir sürü yük var. Hayattan zevk almıyorsun, gülmek istemiyorsun, dışarı çıkmak istemiyorsun. Ne kadar üzülürsen üzül, geriye dönüp hiçbir şeyi değiştiremezsin. Ne aileni ne de yaşadığın sıkıntıları değiştirebilirsin. Ama hayat otobüsünün şoförü sen olduktan sonra kendi hayatına bambaşka bir yol çizebilirsin.

İçinde kalan, yaşayamadığın bütün güzellikleri yaşamak için vaktin var. Şu an söylediklerim belki zor geliyor. Gelmiş olduğun noktada belki çok yorgunsun. Şefkatli bir omuza ya da anlaşılmaya ihtiyacın var. Belki de bağıra bağıra ağlamak istediğin bir sürü mevzun vardır. Ben senin hiçbir sıkıntını bilmiyorum ama bildiğim bir şey var. O da bu dünyadan vicdan rahatlığı ile gitmek düşündüğün kadar zor değil. Güneş batıyor ama yeniden doğuyor. En sert kışların sonu hep bahar. Biri ölüyor, biri doğuyor. Sonbaharda yapraklar dökülüyor ama ilkbaharda yeniden açıyor. Yani bazı zahmetler hep rahmete kavuşmak için. Senden bir şey yapmanı isteyeceğim.

Şimdi gözlerini kapat ve arkana yaslanıp şunu düşün: Az önce tahlil sonuçların ile doktorun yanına girdin ve sana dedi ki: "Çok geç kalmışsın. Tedavi şansını kaybettin. En fazla üç gün ömrün kaldı." O an ne düşünürsün? Dur, gözlerini kapat ve ciddi ciddi bunu düşün.

Aklına ilk gelen ne olacak biliyor musun?

- Keşke hayatımın kıymetini bilseydim.
- Keşke kimsenin beni üzmesine izin vermeseydim.
- Keşke kimseye bu kadar anlam yükleyip beklenti içerisine girmeseydim.
- Keşke sevdiklerim ile daha fazla vakit geçirseydim.
- Keşke para biriktirmek yerine canımın istediği yemeği yeseydim, hep ertelediğim o tatile gitseydim, merak ettiğim yerleri görseydim…
- Keşke kalp kırmasaydım.
- Keşke geçmişe bu kadar takılıp kalmasaydım.
- Keşke önüme çıkan fırsatları değerlendirseydim.
- Keşke bu kadar kendimi üzmeseydim.

Keşke keşke keşke… diye uzar bu liste. İşte bakın bu hayatta üç gün ömrünüzün kaldığını öğrenseniz dert olarak gördüğünüz her şey dert olmaktan çıkar; sadece kaçırdığınız, ertelediğiniz, feda ettiğiniz hayatınıza üzülürsünüz. Bugün bir sıkıntı ile karşı karşıya gelince bunu düşünün:

"Üç günlük ömrüm olsa gerçekten dert ettiğim mevzular yine dert olur muydu?" Olmazdı değil mi? Peki üç gün sonrası için garanti var mı? Yok! İşte hayat böyle on saniye öncesine dönemeyeceğiniz, on saniye sonrasını garanti edemeyeceğiniz bir yer… Ama on saniye önce öğrendiklerinizle on saniye sonrasına daha emin adımlar atabilirsiniz.

Çok da düşünüp kafa yormaya gerek yok. Geldik ve gideceğiz. O arada âşık olacağız, yeni insanlar tanıyacağız, sevileceğiz belki de terk edileceğiz. Kaybettiğimiz zamanlar olacak, kazandığımız zamanlar da... Ne yaşarsak yaşayalım eninde sonunda son durağa geleceğiz. Son durağa gelince ancak hayatının kıymetini anlayanlar bu hayata geç kalandır. Sen ne kendine geç kal ne de yaşadığın ömre!

İnsanlar Kötü, Hayat Acımasız mı?

Ne insanlar kötü ne de hayat acımasız. Sana acımasızca davranan el değil, çok yakından tanıdığın biri. Kim mi? Çok düşünmene gerek yok. *"Uzaklarda arama çünkü sen içimdesin. Taht kurmuşsun kalbime en güzel yerindesin."* diye cümleye devam etmek geldi içimden. Saçma oldu ama olsun, bu da saçma olsun. Her şeyi iyi yapmak zorunda değiliz ki... Kim uydurdu mükemmel olmak zorunda olduğumuzu?

Neyse sözü çok uzatmayayım. Söylüyorum, hazır mısın? Senin düş-ma nınnnınnn yine sensin. Arkadaşın değil, komşun değil, patronun değil, eşinin ailesi değil, geçmişin değil, yanındakiler değil, ailen değil... Sensin!

"Ben miyim? Nasıl ya?" dedin mi? Demediysen de demiş sayıyorum ve cevap veriyorum.

"Evet sensin."

Vakti saatinde çizemediğin sınırlar geldi, senin üstünü çizdi.

Hayır, diyemediğin mevzuların yükü üstünde kaldı.

Aman ağzımızın tadı kaçmasın, diye sustuğun mevzuların içinde boğuldun. Kendi ağzının tadını kaçırdın.

İnsanlara fazlaca anlam yükledin. Bu anlamları getirdin hayatının tam ortasına koydun.

Kapının dışında kalması gereken insanları, mevzuları hep evin içine aldın.

Her söylenene kulak astın.

Ve düne takılıp kalmaktan hep bugünü kaçırdın.

Daha saymamı ister misin yoksa bu bana yeter mi diyorsun? Bence yetmez, dur bir de örnek vereyim.

Geçen sene kayınvalidem bir süre bizde kaldı. Daha geldiği ilk gün dedi ki: "Halıları yıkamaya gönderelim." Biz de dedik ki: "Ev tadilata girecek. O yüzden göndermeyelim. İdare edelim." Kayınvalidem bir iki defa daha söyledi, sonra baktı bizim göndereceğimiz yok, sustu kadıncağız. Biz de o ara konferans için eşimle yurtdışına gittik. İki gün kalıp geri döndük. Eve bir geldim halıların hepsi ters çevrilmiş. "Anne sen mi ters çevirdin halıları?" diye sordum. "Evet" dedi. "Neden ters çevirdin anne?" diye sordum. "Çünkü halıların pis, çoraplarım kirleniyor." dedi. Halıları ters çevirme fikri bence efsane bir fikirdi. Üç ay düzünden, üç ay tersinden halıları kullanırsak yıkama masrafını da azaltmış oluruz. "Anne efsane fikir. Bunu müsaadenle sosyal medya hesabımın hikâye kısmında paylaşayım. Benim sayfamda kadın çok. Öneri olur." dedim. Kayınvalidem de "Tamam!" dedi. Beni uzun süredir tanıyanlar sosyal medya hesabımda paylaştığım o videoyu hatırlar. Halıların videosunu çektim. Üzerine de not düştüm. "Kayınvalidem halılarımı ters çevirmiş. Çünkü çorapları kirleniyormuş. Siz de halılarınız kirlenince ters çevirmeyi deneyin. Tasarruflu iş." falan yazdım. Niyetimiz aslında biraz tebessüm ettirmek, biraz da fikir vermekti. Aman Yarabbi, bir anda mesaj yağmaya başladı!

"Ne büyük ayıp! Aynısını kayınvalidem yapsa olay çıkartırdım. Kayınvalidemi evden kovardım. Küserdim..." diye yazılmış bir sürü mesaj. Biri de demiş ki: "Hocam kayınvalideniz size pis demek istemiş." Aslında kadın pis demek istemedi, direkt yüzüme halıların pis, dedi. Bunu söyleyenin kayınvalidem olması, halıların pis olduğu gerçeğini değiştiriyor mu? Hadi itiraf edin. Kendi annemiz söylese bu lafı, hiç zorumuza gitmez ama değil mi? Çünkü zihnimizde birtakım kodlar atalarımızdan bize yadigâr kaldı. Kayınvalideler fesat, görümceler ara bozucu, eltiler yılan... İster istemez bu kodlar ile yaklaşıyoruz insanlara. BAKIN TEPKİ VERME ŞEKLİMİZİ BİLE İNSANLARIN POZİSYONLARI BELİRLİYOR. Annemizi tolere ederken kayınvalidemizi edemiyoruz. Verdiğiniz tepki kişiye göre değişiyorsa bir kere daha düşünmenizi istiyorum. Sorun karşı tarafta mı yoksa sizin bakış açınızda mı?

Ben de gelen mesajlardan birkaçını kayınvalideme okuyup espri olsun diye, "Anne sen birkaç gün dışarıya çıkma. Bu gelinler, kayınvalidelerinden alamadıkları hırsı senden alırlar." dedim. İkimiz de aslında insanlardan bu kadar tepki gelmesine çok şaşırdık. Böyle yorumlar geleceğini kayınvalidem de ben de hiç tahmin etmezdik. Tam o sırada kayınvalidem dedi ki: "Senin kızmayacağını bildiğim için ters çevirdim."

Tabii ki kızmadım, hatta yaptığı çok da komik ve yaratıcı geldi. Güldük eğlendik ama şu cümleye dikkatinizi çekmek istiyorum: "Senin kızmayacağını bildiğim için ters çevirdim." Yani bunun meali ne: "Ben, senin bana çizdiğin sınırlar doğrultusunda hareket ediyorum." Bunu cebe alın koyun. Geri buraya geleceğim. Şimdi size bir soru soracağım. Ben de kayınvalideme kızan insanlar gibi bu mevzuya kızsaydım beni kızdıran, kayınvalidemin yaptığı hareket mi olacaktı yoksa bu harekete yüklediğim anlam mı? Biliyorum içinizden "Kayınvalidenin hareketi." demek geliyor ama doğru cevap: "Yüklediğim anlam ya da çizemediğim sınırlar." Kayınvalidem ne demişti: "Senin kızmayacağını bildiğim için ters çevirdim." Yani ben ona evim ile ilgili herhangi bir sınır çizmemişim. Çizmediğim sınır için birini suçlayabilir miyim? Birinin bize davranma şekli bizim duruşumuz ile ilgili oluyor. Gerekli olan duruşu gösteremiyoruz, sonra da insanları saygısız olmakla suçluyoruz. Siz ne kadar sınırlarınızı çizseniz de bazı insanlar bu sınırları ihlal etmeye devam eder. Çünkü bu insanlar aşırı bencildir ve sizin ne düşündüğünüzün önemi yoktur.

Diyelim ki bu durum beni rahatsız etti. Geç kaldığım o sınırı çizmek istiyorum. Kendimi şöyle ifade ederdim: "Anne seni çok iyi anlıyorum. Çorapların kirleniyor ve bundan rahatsız olup bir çözüm bulmuşsun. Bir süre terlik giyerek bu durumu idare edelim. Halıları böyle ters kullanmak istemiyorum. Lütfen beni yanlış anlama ama ben halıların düzünü çevirmek istiyorum." Bu cümleler karşı tarafa belki biraz kendini kötü hissettirir ama o an bir sınır çizmiş olursunuz. Hem de nezaketinizi bozmadan kendinizi ifade etmiş olursunuz. Sadi Şirazi'nin çok sevdiğim bir sözü var: "*Yanlış üslup doğru sözlerin celladıdır.*" Üslup doğru olunca her şey çözülebilir. Şunu düşünüyor olabilirsiniz: "Biz üslubumuza dikkat ediyoruz ama karşı taraf anlamıyor. O üslup konusunda çok kaba, bana karşı da hiç nazik değil." Hepimiz kendimizden sorumluyuz sevgili dostum. Siz doğru bildiğinizi yapın. Bırakın karşı taraf eğri kalsın. Bu sizin değil, onun sorunudur.

Bence bu olay hayatı yorumlama şeklimize harika bir örnek oldu. Ben bu konuyu konferanslarımda da hep anlatırım. Daha önce beni dinleme şansın olduysa bu anlattıklarımı benden daha önce duymuşsundur. Hatta bu kitabın birçok yerinde daha önce anlattıklarımı bulabilirsiniz. "Söz uçar, yazı kalır." dedim ve kitaba daha önce sosyal medya paylaşımlarımdan eklemeler yaptım.

İnsanların davranışlarının karşısında zihnimizde bir cevap var. Bu cevapların bir kısmı atalarımızdan genlerimizle geçti, bir kısmını öğrendik, bir kısmını da deneyimledik. İnsanların davranışlarını nasıl yorumluyorsunuz acaba hiç düşündünüz mü? Anneniz, babanız gibi mi yorumluyorsunuz? Daha önceki deneyimleriniz üzerinden mi yorumluyorsunuz? O anki duygu durumunuzla mı yoksa? Neyi ne şekilde yorumluyorsunuz bilemem ama şunu biliyorum: Yorum değişince anlam değişir, anlam değişince hayat değişir. Yani hayatı ve insanları yorumlama şekliniz sizin hayatı anlama şekliniz oluyor.

O gün ben de kayınvalideme kızmış olsaydım, yanlış üslup ile kendimi ifade etseydim ne olacaktı? Hemen ne olacağını anlatayım. Bütün gün hepimize zehir olacaktı. Herkes üzülecekti. Ben eşimle kavga edecektim. Kayınvalidem mahcup olacaktı ya da o da bana kızacaktı. Aramıza önce küslük, sonra dedikodu girecekti. Olay büyüyüp gidecekti ama biz eğlenmeyi, gülmeyi, bunun üzerinden şakalaşmayı seçtik. İşte bazen incir çekirdeğini doldurmayacak mevzular hayatımızı dolduruyor. Bu benim için önemsiz bir mevzu. Hayat her şeyi dert edecek kadar uzun değil. Fakat biz mevzuları o kadar büyütüyoruz ki sonra büyüttüğümüz her mevzunun altında ezilen biz oluyoruz. Sonra bir bakıyoruz ömür gelmiş, geçmiş. Ben üç gün halılarımı ters kullandım diye hayatımdan bir şey eksilmedi.

Ay hocam, benim kayınvalidem ya da eşim, arkadaşım sizi üzen her kimse sizin kayınvalideniz gibi değil, o çok kötü biri, diye içinizden geçiriyorsanız eğer, ben de size şunu söyleyeceğim: "Bizi üzen insanlar değil, o insanlara yüklediğimiz anlamlar. Hiç tanımadığın biri nasıl senin için anlam ifade etmiyorsa seni üzmeye çalışan biri de aynı şekilde herhangi bir anlam ifade etmesin. Buna izin verme! Gerektiği kadar görüş, konuş, sohbet et." Tabii eş faktörü de hayatımızda çok önemli. Bazen dengeyi bozan eşler oluyor çünkü... Ama yine de siz kendi çabanızla dengede kalabilirsiniz.

Nezaketinizden asla ödün vermeyin. İyilik hâli kişiye göre değişmemelidir. Herkes kendine yakışanı yapsın. Edepsiz olmayı isteyen edepsiz, saygılı olmak isteyen saygılı olsun. Çünkü günün sonunda yaptığınız her davranış ya sizden alıp götürecek ya da size alıp getirecektir. Ben hayatını kavgayla, gürültüyle geçirmiş mutlu bir insan tanımıyorum. Tabii hayatını sürekli boyun eğerek geçirmiş mutlu bir insan da tanımıyorum. Anlatmaya çalıştığım her mevzuya sessiz kalın, kendinizi ezdirin, isteyen istediği gibi davransın, siz de bunu sevimlilikle karşılayın, değil. Anlatmak istediğim: Doğru bildiklerinizin arkasında karakterli bir duruş sergileyin. Gerekli mesafeleri koyun ve hakkınızı edebinizi bozmadan, yaygara yapmadan arayın. Tabii artık etrafımızda o kadar bencil insan var ki sizin karakterli duruşunuz onlar için zayıflık olarak algılanıyor. Daha fazla üstünüze geliniyor. İşte bu noktada bu insanları hayatınızdan çıkarma vakti gelmiştir. Kimsenin bencilliğinin bedelini ödemek zorunda değilsiniz. Yani hayatınızı gereksiz anlamlar yüklediğiniz insanlara heba ederek geçirmeyin, diyorum.

Ben bu olgunluğa tabii ki bir günde ulaşmadım ama hayattan ders almayı hep bildim. Bir hastane odasında babasının ölüme gidişini izleyen ve kendi kollarında babasının ölümüne şahitlik etmiş biri olarak insanlara, hayata boş vermeyi öğrendim. Çünkü günün sonunda, bilmem hangi morgda, bilmem kaçıncı numarada senin için diyorlar ki: "37 NUMARALI CESET" Bak Ayşe, Fatma, Ali, Hasan değil; Hakan'ın babası, Mehmet'in oğlu, Arife'nin kocası, Veli'nin karısı değil; mühendis, doktor, avukat, garson, işçi değil; sadece ceset diyorlar sana…

Biz Hep Başkasının Kul Hakkını Gözetiriz Değil mi?

Ailem beni büyütürken hep şöyle dedi: "Aman yavrum kimsenin hakkına girme! Önüne altın yığsalar bakma! Kimseyi ezerek bir makama ulaşmaya çalışma! Kimseyi kıracak bir laf edip kul hakkına girme!" Bu sözler kulağıma hep küpe oldu. İyi ki beni bu hassasiyet ile yetiştirmişler. Ben de onlardan öğrendiklerimi çocuklarıma söylüyorum ama bir farkla: "Aman yavrum kimsenin hakkına girme ama insanların hakkına girmemeye çalıştığın kadar kendi hakkına da girmemeye özen göster. Başkasının kul hakkını gözetirken kendi kul hakkını da gözet."

Farkında olmadan hep kendi kul hakkımıza giriyoruz. Günün sonunda yorulan, üzülen de biz oluyoruz.

Sizin duygularınızı görmezden gelip sizi hiçe sayan o kişi için döktüğünüz gözyaşı,

Önce çocuklarım, ailem, sevdiklerim diyerek kendinize ayıramadığınız her vakit,

Geçmişe takılıp bugün yaşayamadığınız her an,

"Aman el âlem ne der, millet ne düşünür?" diyerek çilesini çekmiş olduğunuz her mevzu,

"Ya yapamazsam, millete rezil olursam, başaramazsam" diyerek kendiniz için atmadığınız her adım,

Kimse kırılmasın diye içinize attığınız her kırgınlık,

Sürekli kendinizi size yetersiz hissettiren insanlara vermiş olduğunuz her fırsat,

Kendinize dert etmekten uykunuzu kaçıran ama yine de dile getirmediğiniz her olay, insanın kendi kul hakkına girmesidir. Bize bu dünyada ilk emanet edilen kendi bedenimizdir. Kendini sevmek, önemsemek, kendine öncelik vermek BENCİLLİK DEĞİL, ÖZ BENLİĞİ KORUMAKTIR.

Şimdi şöyle düşünün: Çocukları bugün kayınvalidenize ya da annenize gönderdiniz ve akşam için bir plan yaptınız. Akşam eşiniz eve gelince ona dediniz ki: "Bugün çocuklar yok. Seninle baş başa bir yemeğe ya da çay içmeye gidelim. Birlikte bir şeyler yapalım." Eşiniz de size dedi ki: "Bugün çok yorgunum, sen şöyle güzel bir çay demle. Baş başa evde film izleyelim." Siz de tamam, dediniz ve mutfağa gittiniz. Hemen çay koydunuz, o arada çayın yanına da bir kek çırptınız. Keki fırına verdiniz ve eşinizin yanına geri döndünüz. Bir baktınız, o da ne! Eşiniz üstünü değiştirmiş. "Hayırdır fikrini mi değiştirdin, dışarı mı çıkıyoruz?" diye sordunuz. Eşiniz de size dedi ki: "Ya arkadaşlar aradı. Kahveye çağırdılar. Okeye dörtlü gerekiyormuş. Ben kahveye arkadaşlarımın yanına gidiyorum. Sen de bu bahane ile dinlen. Hazır evde kimse yok." O an kendinizi nasıl hissedersiniz?

Üzgün, kızgın, mutsuz, değersiz hissedersiniz değil mi? Eşinize karşı içinizde müthiş bir öfke oluşur. Ve şöyle bir çıkış yaparsınız: "Neden bugün müsait olmadığını söylemedin? Arkadaşların mı daha önemli, benimle vakit geçirmen mi? Git nereye istiyorsan! Bundan sonra benden de hiçbir şey isteme!" Haklı olarak, eşinizden arkadaşlarına mazeret bildirerek sizinle kalmasını beklediniz değil mi? Peki bu isteğinin adı bencillik mi?

Şimdi bunu kendimize uyarlayalım: Bugün işten yorgun çıktınız, eve giderken hayaliniz, ayaklarınızı uzatıp kahve eşliğinde biraz dizi izlemek. Yoldayken arkadaşınız aradı ve size dedi ki: "Ben çocuklarla sana geliyorum." Siz de "Aman hayır dersem beni yanlış anlar. Bana küser." diye düşünüp "Tamam!" dediniz. Eve gider gitmez hemen yemek hazırlamaya başladınız. Kendinize verdiğiniz sözleri de bir poşete koyup çöpe attınız. Şimdi eşinizin size yaptığı ile sizin kendinize yaptığınız arasında fark var mı sizce? Eşiniz size haksızlık ederken siz arkadaşınıza hayır, diyemediğinizde kendinize haksızlık etmiş olmadınız mı? "Arkadaşım kusura bakma. Bugün zor bir gün geçirdim. Eve gidip biraz dinlenmek istiyorum. Sen yarın gelsen olur mu?" diyerek arkadaşınıza mazeret bildirseydiniz sizce bunun adı: Bencillik mi yoksa öz benliği sevip saygı göstermek mi?

İşte kendi kul hakkınıza girdiğinizde yani kendinize vakit ayırmadığınızda, kendinizle ilgilenmediğinizde, kendinize verdiğiniz sözleri tutmadığınızda da öz benliğiniz size diyor ki: "Bu beden bana önem vermiyor, beni sevmiyor, benimle ilgilenmiyor." Sonra psikosomatik rahatsızlıklarınız başlıyor. Başınız ağrıyor, beliniz ağrıyor, bacaklarınız ağrıyor çünkü beden size isyan ediyor. Yani diyor ki: "Benimle ilgilen, bana vakit ayır, beni sürekli feda etme. Sen beni feda edersen ben de seni hasta ederim."

Şimdi bu noktada artık kendine yeni bir rota oluştur. Bildiğin yollar evet belki güvenli ama çok taşlık. Seni hep yoruyor. Gerektiğinde insanlara nezaketini kaybetmeden "Hayır" diyebilirsin. Sen uygun bir dille "Hayır" dedikten sonra insanlar sana kırılıyorsa bu senin değil, onların sorunu. Çünkü gerçek dost, eş, akraba senin yorgunluğunu ve ihtiyacını anlar. Kendini feda ederek kimseye yaranmaya çalışma. Ortada bir feda-kârlılık varsa bu karşılıklı olmalı. Sen feda olup karşı taraf kârlı oluyorsa bunun adı feda-kârlılık değil feda olmaktır. Kimsenin fedaisi değilsiniz.

Güne başlarken önce kendine "Günaydın" de. Arada kendi saçını okşa. Kendine sarıl, hediye al, randevu ver. Ve doğrularına nasıl sahip çıkıyorsan yanlışlarına, kusurlarına, beceriksiz olduğun taraflarına da sahip çık. Çünkü sen, sana ait olan her şeyle güzelsin. Canının kıymetini bil. Bunların hiçbiri bencillik değil.

Ama sen biraz canının kıymetini bilmeye başladığında insanlar sana diyecek ki: "Sen çok değiştin." Çünkü artık kimse için kendini feda etmiyor olman onların işine gelmeyecektir. Sana kendini bencil hissettirmeye çalışarak senin onlara sunduğun eski konforu bulmaya çalışacaklardır. Bu sebepten de seni hep suçlamaya başlayacaklardır. İşte bu nokta yaprak dökümü olacaktır. Seni seven, değer veren zaten iyi olmanı isteyeceği için senin kendine değer verme sürecine destek olacaktır. Bu durumdan faydalanamayan kişiyse seni sürekli suçlayacaktır. Bir dizi izliyorum. Dizide bir kadın var. Aslında doktor ama yıllarca kendini ailesine, kayınvalidesine, eşine, hasta kayınpederine feda etmiş bir kadın. Bir gün hasta oluyor ve karaciğer nakline ihtiyaç duyuyor ve kocasının organı uyum sağladığı hâlde kocası karaciğerini karısına vermiyor çünkü kayınvalidesi buna karşı çıkıyor. Kadın başka bir donör ile hayata dönüyor ve doktorluğa geri dönüp kendi hayatının farkına varıyor. İşte o noktada ev halkının konforu bozulduğu için kadını bencil ve sorumsuz olmakla suçluyorlar. Çünkü evin bütün işlerini kadın çekip çeviriyordu. Ev halkı evi otel gibi kullanıyordu ve bütün yükü kadın alıyordu. Kadın yüklerini üzerinden atınca tabii ki bu durum kimsenin işine gelmedi.

Hikâye aynı olmasa da çok tanıdık geldi mi? Hepimizin hayatında zaman zaman böyle olaylar yaşanmıştır. Kendini yıllarca feda etmişsindir. Bir gün fedakâr olma sırası onlara geldiğinde herkes ortadan yok olmuştur. Çünkü onların senin hayatında olma sebebi senden maddi veya manevi besleniyor olmalarıdır. Besin kaynakları tükenince onlar da hemen ortadan kaybolmuştur. İnsanları tanımak istiyorsan her zaman "evet" dediklerinize bir kere "hayır" deyin. İşte o zaman insanların asıl yüzlerini göreceksiniz.

Hayallerini Kendinle Toprağın Altına Götürme!

Biliyor musun, en verimli topraklar mezarlıklardır. Çünkü oraya hayal edilip icat edilmemiş projeler, yazılmamış kitaplar, söylenmemiş şiirler, bestelenmemiş şarkılar, kurulmamış cümleler, çizilmemiş resimler gömülmüştür. Birinin öldüğünü duyduğumda hemen aklıma şu sorular gelir: Acaba bedeniyle birlikte hangi hayalleri toprağın altına gömülecek, pişmanlıkları neler, acaba nelere "iyi ki" ya da "keşke" dedi ve bu hayatı bir kere daha yaşama şansı olsaydı neleri yapardı ya da yapmazdı?

Çoğu insan, "Keşke hayata iki kere gelme şansımız olsaydı. Yaptığımız hataları tekrarlamazdık." diye düşünür. Emin olun böyle bile olsa yine bir şey değişmeyecek. Çünkü her seçeneğin yeni bir sonucu olacak ve belki o sonuçla yine mutlu olamayacağız. Keşkeler ile ömür yaşanmaz. O yüzden biz şu an kendi gerçeklerimize dönerek onlarla geçinmenin yollarını bulalım.

İbn-i Sina bir deney yapmaya karar verir ve bu deneyi yapmak için iki kuzuyu kafese koyar. Bu kuzular aynı yaşta, aynı kiloda, aynı cinstedir, ikisi de aynı yemle beslenir ve tüm şartları eşittir. Ancak yan kafeste bir kurt vardır ve kafesteki bu kurdu sadece kuzulardan biri görebilmektedir. Aylar sonra yan kafesteki kurdu gören kuzu, huzursuz, zayıf ve çelimsiz bir hâle düşer ve sonrasında ölür. Aslında kurt kuzuya hiçbir şey yapmamasına rağmen kuzu yaşadığı korku ve stres yüzünden ölmüştür. Kafesteki kurdu görmeyen diğer kuzu ise oldukça huzurlu olduğundan sağlıklı ve besilidir. İbn-i Sina, bu deneyde zihinsel etkinin sağlık üzerindeki olumlu ve olumsuz etkisini gözlemlemiştir.

Bugün birçok hayalin katili korkudur. Yeniden başlamaya, adım atmaya, düşündüğümüzü söylemeye, hayal ettiklerimizin peşinden gitmeye hep korkarız. Çünkü bize hep dediler ki: "Sürüden ayrılanı kurt kapar." Thomas Hobbes'ın bir sözü var: *"Koyunlar ömrünü kurttan korkarak geçirir. Hâlbuki onu yiyen çobandır."*

Bugün bir şey yapmaya kalktığında birçok insan sana "Yaparsın, başarırsın, ben sana güveniyorum." demeyecektir. "Otur oturduğun yerde! İcat çıkarma! Rahat mı battı! Maceraya ne gerek var!" diyeceklerdir. Sen de bu söylenenlere inanıp hayallerinden, yeniden başlama arzundan, yeni bir adım atmaktan vazgeçeceksin. Çünkü kurulan her cümle zihninde seni korkutan bir kurda dönüştü. Sen de gerçekten kurt var deyip hayallerinden vazgeçtin.

Sana bir şey söyleyeyim mi? Bir insan için birinin gözyaşını silmek, düştüğünde el uzatmak, gerektiğinde ağlayacağı bir omuz olmak kolaydır. Çünkü insanların zayıf yanları, dertleri diğer insanlar için teselli sebebidir. Birinin aldatıldığını, kötü hastalığa yakalandığını duyduğunda önce onun için çok üzülürsün, sonra istemsizce bu derdin sahibi olmadığın için şükredersin. Bunu bilerek ve isteyerek yapmayız. Bunu bize yaptıran ilkel benliğimizdir. Yani hayatta kalma çabamız. Fakat bir insan yükselirken ona omuz olmak, kahkahası ile şenlenmek, kazandıkları ile gurur duymak o kadar kolay değildir. "Neden ben yapamadım da o yapıyor?" düşüncesi ile belki farkında olarak, belki de olmayarak insanlar seni kendi olduğu yere çekmek ister. İşte bu sebepten senin zihninde sürekli bir kurt senaryosu çizmeye çalışılır.

Bir kartalı gagalamaya cesaret eden tek kuş kargaymış. Ben bunu duyunca çok şaşırmıştım. Kargaya bak sen! Boyuna da bakmıyor kartala kafa tutuyor. Karga kartalın üstüne oturur ve boynunu ısırırmış. Ancak kartal yanıt vermez, karga ile savaşmaz, laf anlatmaya çalışmazmış. Kartal zaman veya enerjisini israf etmezmiş. Kartal ne yaparmış biliyor musunuz? Sadece kanatlarını açar ve olabildiğince yükseklere uçarmış. Uçuş ne kadar yüksekse karganın nefes alması o kadar zorlaşır ve karga, kartal yükseklere uçtukça oksijen eksikliğinden daha fazla dayanamayıp sonunda düşermiş. Ne kadar üzerine düşünülmesi gereken bir hikâye değil mi? Hikâyeyi okuduğumda zihnimden şöyle bir cümle geçmişti: "Kimsenin seni kendi alçaklarına çekmesine müsaade etme. Sen olabildiğince yükseğe uçarak hayallerini, umutlarını gagalayan insanları kendi yükseklerine çek. Yani kimsenin senin hayallerinin katili olmasına izin verme."

Benim de Bir Hikâyem Var Herkesin Olduğu Gibi

Dilek Cesur olarak yürüdüğüm yollar çiçeklerle süslü değildi; ama aklım erdikten sonra o yollara çiçekleri ben ektim. Ektiğim çiçekleri kurutmaya çalışan veya o çiçekleri kökünden koparıp atan insanlara rağmen yeniden sulamaya ve yeni çiçek tohumları ekmeye devam ettim. Biraz da benim hikâyemi dinlemek ister misin? Bakalım ben yeni rotamı oluştururken hangi yokuşları tırmanıp hangi virajlardan dönmüşüm?

Aslında uzun uzun yazsam tek başına bir kitap olur ama ben size kıssadan hisse anlatacağım.

Eskişehir'in ekonomik ve eğitim düzeyi düşük bir mahallesinde, üç çocuklu ailenin dördüncü çocuğu olarak dünyaya geldim. Annem ev hanımı, babam işçiydi. Babam zaman zaman ticaret ile uğraşmaya çalıştı ama çabaları hep başarısızlıkla sonuçlandı. Annem ticari zekâsı daha yüksek bir kadındı ama babam annemi hiç dinlemedi. O yüzden her ticari girişiminde iflas etti. Çünkü eli çok açık bir insandı. Parası varken dostu çoktu, o dostlar babamın iflas ettiği dönemde el oldu.

Annem, bana hamile olduğunu öğrenince beni asla istememiş ve hemen sağlık ocağının yolunu tutmuş. Düşeyim diye iğne vurulmuş ama ben düşmemişim. Bakmış düşmüyorum, annem gidip bir daha iğne vurulmuş. Ben inatçıyım, bir kere kafaya koydum, dünyaya geleceğim. Ama annem de inat, gidip bir daha iğne vurulmak istemiş ki bu sefer ebe: "Dur bakalım, Arife Hanım. Bu çocuk inatçı bir çocuğa benziyor. Belli ki doğmak istiyor. Bak bu iğneyi vururum, yine düşmezse sakat kalır." demiş. Tabii annemin içine korku düşmüş. İğneyi vurulmaktan vazgeçip kaderine razı gelmiş. Aslında beni istememesinin sebebi, evde üç erkek çocuğunun daha olması ve onları büyütürken annemin çok zorlanmasıymış. Benim de erkek olma ihtimalimin korkusu annemi sarmış. Kadın nasıl yıldıysa artık. Bana hamileyken olur da biri "Bu da erkek olacak, karnının şekli erkeğe benziyor." derse onunla küsüp konuşmuyormuş. Neyse o uzun, sancılı süreçten sonra beklenen gün gelmiş ve ben doğmuşum. Bir bakmışlar, kız. Dünyalar onların olmuş ve dilekleri gerçekleştiği için de adımı Dilek koymuşlar.

Ben bugün de inatçı biriyim ama mutlu olmak, başarmak, hayallerime kavuşmak için inat eden biri... Sanırım bunun sebebi; daha anne rahminde hayatta kalmak için verdiğim mücadele. Hani, çocuk o anlamaz, deniliyor ya! Aslında portakaldaki vitamin kadar minik de olsan her şeyi anlıyorsun. Çünkü annenin rahminde bile olsan onun bütün duygusal yükünü hissediyorsun.

Annemin en büyük arzusu, bir kız çocuğuna sahip olmak olduğu için bana hiç iş yaptırmadı. Ev işleri hep abilerime kaldı. Aklıma geldikçe bu mevzuya tebessüm ederim. Kız çocuklarının evlattan bile sayılmadığı aileleri düşününce ne kadar şanslı olduğumu hep kendime tekrarlarım. Benim ayaklarımın bu kadar yere sağlam basmasının bir sebebi de; o kadar erkek çocuğu içinde kız çocuğu olmamdan dolayı ötekileştirilmemiş olmam. Yani kimse beni hizmetkâr gibi görmedi. Bir kadın doğduğu evde kendini nasıl hissediyorsa, ne kadar değer görüyorsa ömrünün geri kalan kısmında da kendine bakışı genelde aynı oluyor. Tabii bunun kadını, erkeği yok. Özellikle ataerkil bir toplum olduğumuz için kadınların üzerinde birazcık durdum. Çocuklarımızı yetiştirirken adil davranmak onların hayatı boyunca kendine ve başkalarına adil davranmalarını sağlayacaktır. Her şey ailede başlar, toplum içinde gelişir.

Daha önceki kitaplarımda da bahsetmiştim. Evet, anne ve babam bizi bildikleri en iyi yöntemle sevmeye ve korumaya çalıştılar ama aynı hassasiyeti karı-koca olarak birbirlerine gösteremediler. Birbirini sevmeyen daha doğrusu sevmeyi beceremeyen bir anne-babanın çocuğu olmak çok zor. İstiyorsun ki annen ve baban sevgiyle birbirinin gözünün içine baksın, elini tutsun, birbirine güzel cümleler kursun. Karı-koca birbirine ne kadar sevgi doluysa o evde büyüyen çocuklar o kadar çiçek açıyor. Bizim ise mutluluk sebebimiz; onların kavga etmedikleri günler olurdu. Şu an şu satırları yazarken bile derin bir iç çektim. İşte çocuklarımıza bırakabileceğimiz en güzel miraslardan biri de bu: MUTLU AİLE HATIRALARI.

Uzunca süre "Neden benim anne ve babam birbirini sevemedi, neden biz onları mutlu göremedik, neden mutlu bir ailem olmadı?" diye sorguladım. Baktım ben bunu sorguladıkça daha da üzülüyorum, sorgulamaktan vazgeçip iyileşmeye karar verdim. Ama nasıl? Çocukluk travmalarımızı iyileştiren bir ilaç yok ki sabah-akşam tok karnına bir tane içip iyileşebilelim. İşte o noktada bir aydınlanma geldi. SEÇEMEDİKLERİMİ DEĞİŞTİREMİYORSAM SEÇTİKLERİMİ HAYAL ETTİĞİM GİBİ YAŞAYABİLİRİM.

Yani anne ve babamın arasındaki ilişkiyi seçemediysem kendi eşim ile kurduğum yuvadaki ilişkiyi seçebilirim. Bu yüzden cebinde parası, altında arabası, hazır da evi olan bir adamı değil, rızkını kazanmak için çabası, kalbinde merhameti ve sevgisi, karakterinde ahlakı olan bir adamı sevmeye çalıştım. Biz evlenirken eşim iflas etmişti. Hiç paramız yoktu. Hatta o dönem kredi çekip evlendik. İkimiz de ailemizden bir kuruş almadan yuvamızı kurduk. Bakın bugün her şeyimiz var. Eşler birbirine inanıp destek olduktan sonra zamanla her şey oluyor. Ama evlilik sadece maddiyat üzerine kuruluyorsa o evliliği ayakta tutmaya o paranın gücü yetmiyor.

Tabii bizim de zor günlerimiz oldu. Maddi, manevi yaşadığımız zor günlerimiz, kırgınlıklarımız, hayal kırıklıklarımız oldu. Birbirimizi anlayamadığımız, tartıştığımız günlerimiz de oldu. Yani hiçbir zaman mükemmel olmadık, olmaya da çalışmadık. Ama her ne olursa olsun birbirimize saygımızı hiç kaybetmedik. İnsan saydığı kişiyi seviyor ama her sevdiğine saygı gösteremiyor. Bir evliliği de ayakta tutan saygı oluyor. Çünkü saygı her ilişkide olduğu gibi evliliğin de temeli oluyor.

Bugünü Güzelleştirmek İçin Geçmişi İyileştirmek Gerekiyor

Evlendik, iki oğlumuz, bir kızımız oldu. "Kızınız mı?" diye kendi kendinize sordunuz mu? "Hocam sizin iki oğlunuz var diye biliyoruz. Yoksa kızınızla görüşmüyor musunuz? Kızınıza bir şey mi oldu?" soruları zihninizde peş peşe gelmeye başladı mı? Evet bir kızım var benim. Dünyalar tatlısı, yüreği sevgi dolu, küçük bir kızım var. Aslında siz onu çok yakından tanıyorsunuz. Kızımın adı: Dilek Cesur. Evet, kendi kendimin yeniden annesi oldum. Çünkü küçük Dilek'in çözemediği bazı sorunları, üstesinden gelemediği üzüntüleri vardı. Çok zor olsa da bir gün o küçük kızı yanıma çağırdım. "Gel yanıma, sana birbirine sevgiyle sarılan bir anne-baba buldum. Sana saçlı bebekler alacak, senin saçlarını uzatacak. Evet arada onlar da tartışacak ama yine de birbirlerini sevmekten vazgeçmeyecek." diyerek ona iyileşebileceği bir ortam hazırladım. Ben eşime çocuklarımın yanında her sarıldığımda içimdeki o küçük kız iyileşti. O iyileştikçe ben daha çok eşime sarıldım. O küçük kıza saçlı bebek aldım. Çünkü en büyük hayali saçlı bir bebeğe sahip olmaktı. Ama annesi küçük Dileke hep kel bebek aldı. Sonra saçlarımı uzattım. Saçlarımı uzatıp tokalar taktıkça da iyileşti o küçük kız. Çünkü saçlarını küçükken hiç uzatamadı. Neye ihtiyacı varsa o küçük kızın anlamaya çalışıp çocukluğunda eksik kalanlarını tamamlamaya çalıştım. Derman hiçbir zaman uzaklarda değildir. Dert de sende derman da... Sen yeter ki iyileşmek iste.

Şimdi belki şunu düşüneceksiniz: Saçlı bir bebeğe sahip olamamak ya da saçını uzatamamak bir çocuğu bu kadar olumsuz etkiler mi? Hayatında birçok şey eksik kaldıysa etkiler. Yıllarca bir şeyin hayalini kuruyorsun ve ısrarla o hayale kavuşmak istiyorsun. Bir türlü o hayal gerçek olmuyor. Annem beni, saçımı kestirmeye her götürdüğünde o kadar ağlardım ki: "Lütfen saçımı kestirme!" diye yalvarırdım. Annem, "Uzun saçla bitlenirsin." deyip her seferinde saçlarımı kestirdi. Bir dönemin çocukları neredeyse hep kısacık olan o talebe saçıyla gezdi. Ortaokula gelinceye kadar bir kere saçımı uzun göremedim. Aynı şekilde her pazara gittiğimizde de saçlı bebek alması için yalvarırdım. "Ne gerek var?" deyip almazdı. Annem bunu kötü bir insan olduğu için yapmıyordu. Kendince gerek görmediği şeyleri almıyor ya da yapmıyordu. Benim için ne kadar önemli olduğunu maalesef anlayamadı. Çünkü onun da çocukken isteklerini kimse duymamıştı. Kendisi hiç çocuk olmamış ki çocukluk nasıl bir şey nereden bilsin?

Mesela, elbise alsın isterdim ama annem bana hep abilerimden kalanları giydirirdi. Bir bisikletim olmasını çok istedim, o da olmadı. Bırakın bisikleti oyuncağım bile olmadı. Kısacası, kendimi hiç prenses gibi hissedemedim. Bir yakınımızın düğünü olduğunda bile annem bana elbise almazdı. Olanı giydirir, israf etmeye gerek yok, diye düşünürdü. Kendince belki haklıydı ama onun haklılık nedenlerini anlayacak bir yaşta değildim. Tabii bunlar tek başına değersizlik hissi sebebi değil. En büyük üzüntülerimin sebebi evin içinde sürekli yaşanan kavgalar. İşte bu kavgalara diğer mevzular da eşlik edince kül kedisi olduğuna iyice ikna oluyorsun. Daha huzurlu bir ailede büyüseydim diğerleri bu kadar dert olur muydu, bilemiyorum.

Her Dinlediğimizi Anlıyor muyuz?

Çocuklarımızı dinlemek ile anlamak arasında çok ciddi bir fark var. Çocuklarımızı, kendimizi ve insanları dinliyoruz ama her dinlediğimizi acaba anlıyor muyuz? Anlamak için onun gibi düşünmek lazım. Bir çocuğun ve hayatımızdaki herhangi bir insanın bazen en istediği şey anlaşılmak, sürekli öğüt dinlemek değil. Kendimizce gereksiz gördüğümüz mevzular başkaları için çok gerekli olabiliyor. İnsanların ne söylediklerini değil de ne söylemeye çalıştıklarını anlamaya çalışmalıyız.

Aile içinde yaşadığımız tartışmalarda o anki tek derdimiz öfkemizi kusmak oluyor. Ağzımızdan çıkanı, davranışımıza döküleni akıl ve kalp süzgecinden geçiremiyoruz. Çocuklarımızın o an attığı sessiz çığlıkları duyamıyoruz. Duysak da anlamak istemiyoruz. Kontrolümüzü kaybedip eşimizle yaşadığımız her tartışma çocuklarımızın yüreklerinde kocaman bir yaraya dönüşüyor. Bir de bu kavgalar sürekli yaşanıyorsa o çocuk kendini suçlamaya başlıyor. Çünkü bir yerden sonra kendi varlığı bu kavgalara sebep oluyor zannediyor. Tabii her evde tartışmalar olacak ama bir çocuğun tartışmaların sonunda barışmayı da görmesi lazım. Birbirini seven anne ve baba ilişkisine şahit olması lazım. Gülmek için bir sürü sebebi olması lazım. Babası eve gelince "Yine kavga mı çıkacak?" diye düşünüp telaşlanmaması lazım. Geceleri ağlayarak değil, huzurla uykuya dalması lazım. Bir çocuğun, başka bir çocuğun elindeki saçlı bebeğe de yıllarca özenmemesi lazım.

Tabii çocuğumuzun her istediğini almayalım ama ihtiyaç duyduklarına, ısrarla hayalini kurduklarına da "Hayır" demeyelim. Tabii şu ayrıma dikkat ederek: Hayalini kurduğu şey ona zarar vermeyecekse... Benim büyük oğlum yıllardır benden oyuncu bilgisayarı istiyor ama ben almıyorum. Çünkü o bilgisayar gelirse sürekli oyun oynamak isteyecek ve odasından dışarı çıkmak istemeyecek. Böyle bir durumda neden hayır dediğinizi de çocuklarınıza anlatmanız gerekir. Ben oğluma şöyle bir açıklama yaptım: "Ben seninle daha çok vakit geçirmek istiyorum. Aramıza bilgisayar oyunları girsin istemiyorum. Sana bilgisayar alırsam oynadığın oyunlar sende bağımlılık yapacak. Çünkü beynin oyun oynarken dopamin yani bağımlılık hormonu salgılayacak. Beyin keyif aldığı her şeye bağımlılık gösterir. Bunun sana vereceği zararı hesaplayamaz." Arada ısrarcı davranışlar gösterse de biz net olduğumuzda onlar da kabul sürecine giriyor.

Örneği çocuk üzerinden verdim. Galiba içimdeki çocuğu hâlâ iyileştirmeye çalışıyorum. Fakat aynı durum hayatımızdaki her insan için geçerli. İnsanları dinliyoruz ama anlıyor muyuz? Sürekli sitem eden eşimiz acaba neden sitem ediyor? Dırdır etmek için mi yoksa senin yanında kendini mutlu ve anlaşılır hissetmediği için mi? Kendi doğrularımız ile insanları dinlersek onları asla anlayamayız. Peki her doğru doğru mudur? Değildir. İnsanların anlattıkları sana ne kadar yanlış gelse de onun doğrusunu anlamaya çalış. Bir Hristiyan için oruç tutmak ona doğru gelmiyordur ama bir oruçlunun yanında yemek yemiyorsa onun doğrusuna saygı duyuyordur. İnsanlarla aynı fikirde buluşamıyorsan bile doğrusuna saygı duymayı dene. İşte o zaman anlayan ve anlaşılan kişi olacaksınız. Bir insana sağır ve dilsiz olduğunuzda, bir gün o insan da size kör oluyor. Kimseyi kör edecek kadar sağır olmayın.

Şimdi İçimizdeki Küçük Çocuğa Sarılma Zamanı

Ben yıllarca o küçük kız çocuğunu görmezden geldim. Çünkü o zayıf, mutsuz bir çocuktu. Şimdiki Dilek ile hiç bağdaşmıyordu. Oysa yanılmışım. Bugün beni ben yapan, annesi ve babası kavga ederken çıkan sesi bastırmak için küçük Dilek'in kapının önünde yere vurduğu topmuş. Anne ve babam kavga ederken çıkan sesi ben topu yere vurdukça bastırırım zannederdim. Oysa topu ne kadar hızlı vurursam vurayım, o evden yükselen bağrışmalar asla bastırılmıyordu. Ama o küçük kız kendince her soruna bir çözüm bulmuştu. Bugün de yazmış olduğum her kitap evlerden yükselen sesleri bastırmak için aslında. Amacım aynı, sadece yöntemim değişti.

O günlerde eksik bırakılanlardan dolayı bugün sahip olduklarımın daha çok kıymetini biliyorum. Bu kadar çocukluk travmam olmasaydı bu kitaplar yazılmazdı. Fakat artık yorulmuştu küçük kız. Anlaşılmaya ihtiyacı vardı. O yorgunluk büyük Dilek'i bir gün hasta etti. Eli kolu kalkmaz, gülmez, eğlenemez, hayattan zevk alamaz oldu. İçinde anlam veremediği kocaman bir acı, bir türlü dinmiyordu. Her şey hayatımda bu kadar güzelken ben neden bu kadar acı çekiyordum. Sürekli başıma bir şey gelecek ve ben öleceğim diye kendimi yiyip bitirdim. Hem ölmekten çok korkuyordum hem de bu acıya dayanamayıp bir an önce ölmek istiyordum. Bir yerim ağrısa düşünülebilecek en kötü senaryoyu çiziyordum. Sebebi belli olmayan bu acı beni her geçen gün daha da dibe çekti. Kalp çarpıntılarım, uykusuz gecelerim, gülmeyen yüzüm, alamadığım nefes beni hayattan kopartmıştı. Ve kendimi sürekli doktor doktor gezerken buldum. Sağlığımla ilgili hiçbir belirsizliğe tahammülüm yoktu. Sürekli sağlıklı ve iyi olduğumu duymak istiyordum. Doktorlar ne kadar iyi olduğumu söylese de zamanla onlara da inanmamaya başladım. Teşhis belliydi: Sağlık anksiyetesi.

O zamanlar oğullarım çok küçüktü. Yüzlerine baktıkça ağlıyordum. "Neden böyleyim?" deyip kendimi yiyip bitiriyordum. Artık her şey o kadar kötüydü ki! Tabii bu arada sürekli psikiyatristlere gidiyordum ama verilen ilaçlar ve uygulanan tedaviler bana kendimi iyi hissettirmiyordu. Artık tedavi olmaya çalışmaktan da yorulmuştum. Bir gün bir doktora denk geldim. İlk defa iyileşeceğime dair umudum oldu. Bana demişti ki:

"Hasta olan bedenin değil, düşüncelerin. Sen kötüyü düşündükçe kendini kötü hissediyorsun. Çünkü her düşünce bir duyguya sebep olur. Düşüncelerin iyileştikçe sen de iyileşeceksin. Sana ilaç vermeyeceğim. Senin düşüncelerini iyileştireceğim."

O an bu çektiğim acıların sebebinin düşüncelerim olduğunu öğrenince yani belirsizlik çözülünce çok rahatlamıştım. Bütün seanslarım bittikten sonra şunu artık öğrenmiştim: Ne yaparsam yapayım kaderi değiştiremem. Sağlığım için önlem alabilirim. Dikkatli beslenirim. Düzenli uyurum ama bir şey olacaksa olur. Ben bunu kendime dert ederek sadece bugünümü kendime zindan ediyordum. Sonra bir gün doktor dedi ki: "Senin asıl sorunun çocukluğunda, o küçük kızı buraya getirmemiz lazım." Mümkün değil getiremezdim. Onu sevmediğimi, istemediğimi düşündüm. Sonra zamanla istemediğimin o küçük kız değil, o kızın üzüntüleri olduğunu anladım. Bunlarla bir kere daha yüzleşemezdim. Ne kadar reddetsem de o küçük kızın varlığını bir gün kabul edip çağırdım. Tabii bu zihinsel bir çağırmaydı. Önce onun yüz hatlarını hatırlamaya çalıştım; saçını, bakışını... Sonra nasıl kokardım, onu hissetmeye çalıştım. Ellerini, gözlerini, kollarını, bacaklarını hepsini zihnimde imgeledim. Ben onu hatırlamaya çalıştıkça zihnimde yavaş yavaş oluşmaya başladı. Benim birkaç tane çocukluk fotoğrafım var. O yüzden kendimi hatırlamam o kadar kolay olmadı.

Sonra çıktı geldi küçük kız. Üstünde kısa kollu bir gömlek ve lacivert bir süveter, altında abisinin pantolonu vardı. Çocukluğumda kendimi en sevmediğim bir görüntü ile gelmişti. Teyzemin oğlu evlenirken annem beni tam da böyle giydirmişti. Sanırım onun bu hâlini sevmediğimi anlamış olacak ki yüzünde bir mahcubiyet vardı. Karşı sandalyeme gelip oturdu. Başını öne eğdi ve ellerini dizinin üstünde bağladı. Canım çocuk o zaman da mı kendi ellerini kendin tutuyordun? Ben bugün ne zaman bir şeye üzülsem strese girsem kendi kendimin ellerini tutuyorum. Meğer bu durum çocukluğumun hatırasıymış. Görmeyeli ne uzun zaman olmuş seni minik kız, dedim. Yüzüne baktım, ne kadar da masum. Hıçkırıklara boğuldum o an. Kaç saat ağladım inanın bilmiyorum. Çünkü ona sarılmıştım. Bastırdığım, yok saydığım her duygu, düşünce, anı bir anda ortaya çıktı. Yok saydığım, görmezden geldiğim ne varsa hepsine hıçkıra hıçkıra ağladım. Sonra bir daha sarıldım ona ve o günden sonra hiç yalnız bırakmadım. İşte benim kızımın doğuş hikâyesi de bu.

Siz de çağırın o küçük çocuğu. Onu hatırlayın. Yarım kalmışlıklarını, mutsuzluk sebeplerini... Tamamlanması gereken ne varsa hepsini hatırlayın. Sonra siz de sarılın geçmişinize, yaralarınıza. Kabul edin onları, sahip çıkın onlara.

Kaldığım Yerden Devam Edeyim

Konuyu bir anda dağıttım değil mi? Tipik ikizler burcuyum işte. Daldan dala atlıyorum. Çünkü bir insanı neler mutsuz ediyor, anlatmak istiyorum ve siz bu hatalara düşmeyin istiyorum. Kendi rotamızı bulmaya çalışırken başkasının rotasını şaşırtan biz olmayalım, istiyorum. Neyse hikâyeme devam edeyim. Ortaokulu bitirip liseye başlayacağım sene Anadolu Sağlık Meslek Lisesi Radyoloji bölümünü kazandım. O zamanlar sağlık meslek lisesini bitirince hemen atanıyordun. Benim hayalim öğretmen olmaktı. Hem de okul öncesi öğretmeni olmak. Babamın hayali asker, annemin hayali sağlıkçı olmamdı. Hazır sınavı da kazanmışım annem ısrarla dedi ki "Anadolu Sağlık Meslek Lisesine gideceksin. Yoksa seni okula göndermem." Çılgın kadın, bende bu tehdidin işe yarayacağını zannediyor. Ya ben o kadar uğraşmana rağmen doğmaktan vazgeçmemişim. Tehdit ettin diye hayallerimden mi vazgeçeceğim? Baktım annem ısrarla sağlık meslek lisesine gideceksin, diyor. Bir gün dedim ki: "Sen beni istediğim okula göndermeyip okuldan alırsan ben de evlenirim, hemen de bir tane çocuk doğururum. Sen de çocuğuma bakmak zorunda kalırsın." Annemin gözleri fal taşı gibi açılmıştı. "Tamam ne hâlin varsa gör!" deyip beni kendi hâlime bıraktı.

Tabii ki asla evlenmezdim. Benim gerçekleşecek bir sürü hayalim vardı. Öğretmen olacak, kendi paramı kazanacak, özgürce kazandığım parayı harcayacak, tatillere gidecek, hayatın tadını doyasıya çıkaracaktım. Öyle de yaptım. 27 yaşına kadar hep gezdim. 27 yaşında da evlendim.

Tabii bu noktaya gelinceye kadar bir sürü zorluk çektim. Üniversiteye gideceğim sene babam iflas etti. Elimizde ne var ne yok kaybettik. Annem de elinde kalan son para ile beni dershaneye göndermek yerine evin pencerelerini değiştirdi. Çünkü annem okulu bitirmemi, daha sonra dershaneye gitmemi istiyordu. Bu kadar yoğunluk beni hasta eder diye korkuyordu. Yani kendini bana böyle savunuyordu. Anneme küsüp sınava girmeyecektim ama yine annemin "Kendini denemiş olursun." diyerek ısrar etmesiyle sınava girdim. Kazandım ama istediğim şekilde bir bölüm ve üniversite olmadı. Çünkü babamın iflas etmesi, başka bir şehirde okumama engel olmuştu. Eskişehir'de okumak zorunda kaldım. Hem çalıştım hem okudum.

Babam çalışmama çok tepki vermişti. "El âlem Canip kızını okutamadı. Bak kızı okumak için çalışıyor." der diye kendini yedi bitirdi. Ama ben, babam okutamayacağı için değil, kimseye yük olmamak için çalışmak istedim. Babam o dönem iflas etti ama üç bekar abim çalışıyordu ve ben ailemin yanında yaşıyordum. Babamın emekli maaşı da vardı ama ben ısrarla çalışmak için direndim. Babam da sonunda bana direnemeyip kabul etti. Kabul etti ama şartlar koyarak: "Ehliyet alacaksın ve bilgisayar kursuna gideceksin, bir de bu evin elektrik faturasını ödeyeceksin." demişti. Beni yıldırmak için bu şartları koyuyor sanmıştım, meğerse niyeti çok farklıymış. Yıllar sonra babama sormuştum, "Neden bu kadar şart koyarak çalışmama izin verdin?" diye. O da bana çok duygulandığım bir cevap verdi: "Önce çalışmanı istemedim, gurur yaptım. Milletten çekindim. Sonra bunun yersiz bir gurur olduğunu düşündüm. Çalışmazsan hayatı nasıl öğrenecektin? Kurslara gitmeni de elinde başka meslekler olsun diye istedim. Tabii en önemlisi de kendi ayaklarının üstünde durmayı, bir erkeğin gölgesine ihtiyaç duymadan yaşamayı öğren diye çalışmana izin verdim." Canım babam ve annem hep bunun mücadelesini verdi: "Kendi ayaklarının üzerinde dur, kızım. Kimseye muhtaç olma!"

Ailem için "Hem bu kadar güzel şeyler öğretip hem de bu kadar üzülmemize sebep oldunuz." diye hep içimden geçiririm. Annem mesela bana bir saçlı bebek almadı ama hiç iş de yaptırmadı. Elim sıcak sudan soğuk suya değmedi. Okumam için hep mücadele verdi. "Sen ders çalış, ben senden iş falan istemiyorum." derdi. Ama bu beni mutlu etmeye yetmemiş sanırım. Bir çocuk için ne giydiğinin, ne yediğinin, ne de evde iş yapıp yapmadığının önemi olmuyor. Çocuğun en temel ihtiyacı huzurlu bir ailede büyümek. O olmuyorsa gerisi hep yarım kalıyor. Ailemi çok seviyorum. Ne olursa olsun onlar benim ailem. Beni büyüttüler, yedirdiler, içirdiler, bildikleri en iyi yöntemle de aile olmaya çalıştılar. Size bunları, onları kötülemek için anlatmıyorum.

Böyle olduğunda çocuklarınız ne hisseder, onu anlayın diye anlatıyorum. Yoksa annem de babam da benim canlarım. Bizi sevdikleri kadar keşke birbirlerini de sevselerdi ama olmadı işte.

Yine konuyu dağıttım... Neyse sonra âşık oldum, sevdiğim adamın babası beni asla istemedi. Çünkü aramızda ciddi bir yaşam şekli farkı vardı. Ben istenmeyen gelin oldum. Yıllarca eşimle bu sebepten dolayı evlenemedik. Ama hiçbir zaman kayınpederime gönül koymadım. O bir babaydı. Evladı için kaygılanıyordu. Bildiği en iyi yöntemle evladını korumaya çalışıyordu. Ve bir gün kayınpederim, insanlığın; kılınan namazla, inanılan mezheple, tutulan oruçla, kafaya takılan örtü ile olmadığını anladı. Kayınpederim çok tutucu bir insandı. Gelininin kapalı ve onların mezhebinden olmaması kabul edilemezdi. İnsan olmak başka bir mevzuydu ama... Oturmayı-kalkmayı, büyüğünü-küçüğünü bilmekti; ağızdan çıkan sözler, davranışa yansıyan karakterdi. Ben hiçbir zaman kayınpederime olan saygımı kaybetmedim. Eşimi asla kayınpederime karşı kışkırtmadım. Hatta eşimi teselli ederdim: "O senin baban, sakın benden dolayı kalbini kırma. Zamanla o da yumuşayacak. İhtiyacımız olan zamana bırakmak." Biz eşimle evlenirken bir söz vermiştik birbirimize: "ASLA KİMSE İÇİN BİRBİRİMİZİ ÜZMEYECEĞİZ. EVİMİZİN DIŞINDA OLANLAR HEP DIŞARIDA KALACAK. EVİMİZDE KAVGA SEBEBİ OLMAYACAK."

Bugün evliliğimizin 14. yılındayız. Hiçbir zaman üçüncü bir insan için birbirimizi kırmadık. Çünkü benim anne ve babamın en büyük kavga sebepleri evimizde yaşamayan üçüncü insanlar oldu. Ben ailemin kavgalarını kendime örnek değil ibret aldım. Onların yaptığı hataları yapmamaya gayret ettim. Eşime çocuklarımın yanında hep sarıldım. Eşime, sevgimi hep gösterdim. Kötü davranışın, kötü sözün, mücadelenin, rekabetin kimseye faydası yok dostlar. **Kavga etmek, küsmek için çok sebeplerim varken ben hep mutlu olmak için sebepler aradım.** Bunun adı enayilik değil, bunun adı: Kendine değer vermek. Üzüntü, sıkıntı, kavga, gürültü içinde bir hayat yaşamak istemiyorum ben. O yüzden kimseye anlam yükleyip aile huzurumu bozmuyorum. İyilik de bulaşıcı, kötülük de... İnsan yüreğinde ne taşıyorsa onu etrafına bulaştırıyor. Ben eşimin ailesine saygı gösterdikçe, olumsuz mevzuları sorun yapmadıkça eşim de benim aileme karşı daha fazla saygı göstermeye çalıştı. Sonuçta benim de dört dörtlük bir ailem yoktu. Kayınpederim zamanla bana karşı mahcup oldu ve hatasını anladı. Evlendiğimizden beri kayınpederimden bir kere bile kötü söz duymadım. Çünkü ben de ona karşı iyilik hâlimi hiç bozmadım. Her ne olursa olsun iyilik hâlinizi bozmayın. Çünkü günün sonunda herkes yüreğinin ekmeğini yiyor.

Daha anlatılacak bir sürü mevzu var ama ben böyle kısaca özet geçmiş olayım.

Araya Şunu Dipnot Düşeyim:

Bugün bir yerlere gelmiş insanların arkasında her zaman eğitimli aileler yok, asfalt yollar yok, sunulan sınırsız imkânlar yok, sadece ne var biliyor musunuz? Hayal ettiklerinden vazgeçmemek ve inatla bu hayale giden yolları bulmaya çalışmak var. Ben Eskişehir'in çamurlu sokaklarından çıkıp bugün hem kendi ülkemde hem de dünyada birçok ülkede konferansa giden bir konuşmacı oldum. Hem de bak bunu kadın başıma başardım.

Keşke vakti saatinde bu ülkede kadınların eline çeyiz yapsın diye tığ, yemek yapsın diye tencere, temizlik yapsın diye bez verildiği kadar okusun diye kitap verilseydi. İşte o zaman biz bugün kadın cinayetlerini, kadına uygulanan şiddeti, kadının köle edildiği sistemi konuşmazdık. Kadınlar aldatıldığı, şiddet gördüğü hâlde boyun eğmek zorunda kalmazdı. Bugün birçok erkek eşlerinin ekonomik özgürlükleri olmadığı için zalimce davranışlar sergiliyor. Rahatlıkla evden kovuyor. Çünkü biliyor ki cesareti yok o kadının. O evden gitmeye, başının çaresine bakmaya, yeniden başlamaya cesareti yok. Çünkü bu toplumda dul kadın olmak da zor. Süslensen dert, gülsen dert, gezsen dert, konuşsan dert, çalışsan dert... Kadınlar bir zamanlar o kadar bastırıldı ki hiçbir zaman "Ben ne istiyorum?" diyemedi. Bu kaderim, deyip boyun eğdi.

Şimdi kadınlar daha bilinçli, daha kendinden emin ama bir kısım da bunun ayarını kaçırmış durumda. Özgür ruhlu, cesur bir kadın olacağım derken maalesef hayatındaki insanlara karşı fazla duyarsız davranabiliyor. Her şeyin güzeli aslında dengede kalmak. Ne "Para kazanıyorum" deyip karşımızdaki insanı hiç etmeye çalışacağız ne de "Ben kadın başıma ne yaparım?" deyip boyun eğeceğiz.

Bir toplumun ayakları üzerine kalkabilmesi için önce kadının kendi ayakları üzerinde kalmayı bilmesi gerekiyor. Biz bugün hâlâ kızlarımızı nasıl okula göndersek diye düşünürken birçok ülkenin kızları uzaya gidiyor. Biz çocuklu bir kadınımıza uzaya git desek aklına ilk gelecek olan, "Çocuğuma kim bakacak?" olur. Neden kadınlar üzerine bu kadar konuşuyorum çünkü bir erkek okumak istiyorsa okuyor. Kimse, sen erkeksin ne yapacaksın okula gidip, demiyor. Erkek, kadın fark etmez. Eğitim hepimiz için çok önemli. Bir toplumun daha refah bir seviyeye gelmesi için o toplumun insanlarının, dünyanın kendi ailesinin ona öğrettiklerinden ibaret olmadığını mutlaka fark etmesi lazım. Topluma, ailesine, kendisine neyin iyi geleceğini bilmesi, anlaması ve bunun için kendini geliştirmesi ne kadar kıymetli. Bizler dünkü yöntemlerle yemek bile yapmıyoruz ki... Her şeyin modası değişti. İnsan, aile, toplum olabilmenin de modası değişti. Modaya uyum sağlamanın tek çözümü de yenilikçi ve insancıl olmak.

Kendimin Farkında Değildim...

Ben lise yıllarımdan beri bir şeyler yazarım. Hatta eşim askerdeyken ona yazdığım mektuplar karşısında eşim bana derdi ki: "Sen bana mektup yazma. Cümlelerin o kadar derin ki ben içinde boğulup sana cevap yazamıyorum." Ama bana göre yazdıklarım asla farklı gelmiyordu. Herkes benim kadar yazabilir zannediyordum. Ta ki bir gün sevgili Alişan Kapaklıkaya benim bir yazımı okuyuncaya kadar.

Seni Anlıyorum Çocuk kitabımda bir hikâye var: "Keşke Allah Olmasa!" Başlığı okuyunca hemen "Ne diyorsun sen hoca?" dediniz mi? İçinizde anlık bir öfke oldu mu? Saçmaladığımı düşündünüz mü? Ah bu otomatik pilot düşüncelerimiz! Olumsuz bir durum ile karşılaşınca hemen otomatik pilot devreye giriyor ve otomatikleştirdiği düşünceler ile cevap veriyor. İşte anlamadan dinlemeden verdiğimiz her tepki yani otomatik verdiğimiz her tepki bizi zamanla ruhsal hastalıklara sürüklüyor. Mesela benim sağlık anksiyetesi yaşadığım süreçte bir yerim ağrıdığında "Acaba kanser mi oldum?" diye düşünmem otomatik bir düşünce. Yanımızdan geçen arkadaşımızın bize selam vermeden geçmesi karşısında, "Acaba bana küstü mü?" diye düşünmek otomatik düşünce. Belki arkadaşımız bizi görmedi. Durdurup sormak yerine kendi kendimizi yemeyi tercih ediyoruz. İşte o yüzden diyorum: "Otomatik düşünceler bizi zamanla hasta eder."

Bir öğrencim Allah ile o kadar korkutulmuş ki bana bir gün: "Öğretmenim keşke Allah olmasa. O hep yakıyormuş." dedi. O yazımda çocukların Allah ile korkutulduğu zaman neler hissettiğinden bahsetmiştim. Alişan ağabey bana dedi ki: "Senin harika bir kalemin var, mutlaka anne ve babalar için kitap yazmalısın." Ben de ona "Ben kim kitap yazmak kim abi? Hem kim alıp okuyacak benim kitaplarımı?" demiştim. O da bana "Bak ben bunu herkese söylemem, bence sen yazmalısın." demişti. O konuşmadan sonra o zamana kadar yazdığım bütün annelik, çocukluk, öğretmenlik hatıralarım ile ilgili yazılarımı çıkardım. Hepsini tek tek okudum. Sonra bilgisayara geçirdim ve eşime dedim ki: "Bir okusana, gerçekten benim kalemim iyi mi? Ama bak sakın ayıp olacak diye beğenmediğin hâlde güzel deme bana." Yani benim ilk okuyucum eşim. Üç saat içinde bütün yazılarımı okudu. Sonra yanıma gelip dedi ki:

"Bak sen, ben askerdeyken de çok güzel mektuplar yazardın. Hatta bir şey itiraf edeyim mi? Senin yazdığın mektuplardan benim asker arkadaşlarım kopya çeker, sevgililerine mektup yazardı. Bence de sen mutlaka bir kitap yazmalısın." Bir tabur askerin onayından da geçmiş olduğumu o an öğrenmiş bulundum. Olur mu, olmaz mı derken yazmaya karar verdim. Ama bir sorun var. Beni kimse tanımıyor ki? Kim bu kitabı alıp okuyacak?

Her Şey Bir Niyetle Başlar...

Hepimiz bir niyetle bir işe başlarız. Başladığımız her işin sonu da mutlu bitsin isteriz. Başarılı olmak için bir işin niyetine girmek ne kadar önemliyse o işte başarılı olmak için ortam hazırlamak da o kadar önemlidir. Evet ben güzel bir işe niyet ettim ama bu kitabı kim alacak? Eş, dost, akraba hatır için alsa toplasan yüz kitap eder. Hadi bilemedin iki yüz... Onların çoğu da hatır için kitabı alacak, belki de hiç okumayacaklar. Şimdi bu sebepten kitap yazılmaz ki!

"Ne yapsam ne yapsam?" diye düşünürken o zaman aklıma bir fikir geldi. Ben bir okul öncesi öğretmeniyim. En iyi yapabildiğim ne? Oyun ile öğretmek ve oyun hazırlamak. O zaman dedim en iyisi bildiğim bir yoldan başlayayım. Ben evdeki malzemelerle hem eğlendiren hem de öğreten oyunlar hazırlayayım. Hemen Instagram'da bir sayfa açtım. Adını da "Evde Yaratıcı Oyun Etkinlikleri" koydum. O dönemde çocuklarımdan biri 5, diğeri 3,5 yaşındaydı. Onlarla oyunlar oynamaya başladık. O dönem aileler sayfama çok ilgi gösterdi. Bir anda sayfam büyümeye başladı. Tabii ben de o ara kitabımı yazıyorum. Eklemeler yapıyorum, daha önce yazdıklarımı olgunlaştırıyorum. Yazarken de o kadar duygulanıyorum ki sormayın. Hepsi benim hikâyem.

O anları yazarken bir daha yaşıyorum. Bazen gülüp bazen ağlıyorum. O sırada çocuk ve aile ile ilgili eğitimler alıyorum. Uzun çalışmalarımın sonucu kitap bitti. Bitirdim bitirmesine ama bir sorunum vardı: Bu kitabı kim basacak? Asla Alişan ağabeye dönüp "Kitap bitti, bana yardımcı olur musun?" diyemem. Bu da benim huyum işte: Kimse benim için kendini bir şey yapmaya mecbur hissetmesin. Aslında söylesem ne olacak ki? En fazla yardımcı olamam diyecek.

Ben bu işi çözebilirim diye düşünüp kendimce yayınevi araştırmaya başladım. Tabii kim tanır Dilek Cesur'u? Hiçbir yayınevi geri dönüş yapmadı. Yani olumsuz bile dönen olmadı. O kadar dikkate alınmadım. Okulumuza gelen bir kırtasiyeci vasıtasıyla bir yayınevi ile tanıştım. Yayınevi sahibi kitabımı basabileceğini söylediğinde havalara uçmuştum. Ama uçtuğum yerden yere çakılmam uzun sürmedi. Ben bir okul öncesi öğretmeniyim ve bu benim ilk kitabım. Ne kadar dikkat etsem de kitabın içinde yazım hataları vardı. Yayınevine de kitabı teslim ederken bunu belirttim. Onlar da bu kısmı halledeceklerini söyledi. O zamanlar yeni yeni okullardan konferanslara çağırılmaya başlamıştım. Konferanslara giderken yanımızda kitap götürürüz diye biz de kendimize üç bin tane kitap istedik. Üç bin kitap karşılığı yayınevi sahibi benden o zamanın parası -2008 yılından bahsediyorum- 10 bin lira para aldı. Yani her kitap için neredeyse 3,5 lira. Kendi maaşım ile ev kredisi ödüyorum. Bir de bu kitapları almak için 10 bin lira kredi çektim. Benim maaşımdan bana hiçbir şey kalmıyordu. Ama eşim çok istiyorum diye sesini çıkarmadı.

Hesapta kitap birileri tarafından okundu ve baskıya girdi. O kadar heyecanlıyım ki tarif edemem. Belki sen beni taaa o zamanlardan beri tanıyorsun. İşte o zamanın hikâyesi böyleydi. Kitap elime geldiği gün kalbim kelebek gibi pır pır atıyordu. Yayıncı bana kitabı dağıtacağını söylediği için kitap elime gelir gelmez ben de sayfamda duyurdum. O zamanlar elli bin takipçim vardı. "Acaba kim alacak, okuyan beğenecek mi, nasıl yorum yapacak?" diye heyecanla bekliyorum. O sırada bana yayıncı kendi internet sitesinin adresini verdi. Onu da hikâyemde paylaşıyorum.

Birkaç gün sonra insanlardan mesaj gelmeye başladı: "Kitabınızı kitapçılarda bulamıyoruz." Yayınevinin sahibini arıyorum. Dağıttık, dağıtacağız derken bir gün yayınevi sahibi aradı: "Hocam takipçilerinize duyurun. Kitabınızı Balıkesir'in bilmem ne ilçesinin bilmem ne kırtasiyesine bıraktım." dedi. Ben büyük kitapçılara gidecek derken yayıncı bana kırtasiyeye bıraktım, diyor. Ben ne zaman büyük kitabevlerine gidecek, diye sorarken yayıncı bana sürekli internet sitelerinin linkini paylaşmam gerektiğini söylüyor.

Aradan on beş gün gibi bir zaman geçti. Yayıncıyı neredeyse her gün darlıyorum: "Ne zaman kitapçılara gidecek?" Bir gün o da dayanamadı ve ağzından baklayı çıkardı: "Seni kim tanıyor ki kitabını büyük kitapçılar alsın?" Resmen kandırılmışım, o an anladım. Yayıncının tek derdi kendi internet sitelerinden benim kitabımı sattırmakmış. Benim de elli bin takipçim var. İllaki iki üç bin kişi kitabı alır, diye düşünmüş. Kendileri için de dört bin adet basmışlardı. O arada kitabımı Türkçe öğretmeni bir arkadaşıma yollamıştım. Kitabın içi imla hataları ile dolu. Bazı kelimeler yanlış. İlk yazarlık deneyimim, ilk kitabım tam bir hayal kırıklığı oldu. Bir de bunun üstüne o dönem o kitabın maliyetinin 50 kuruş olduğunu öğrendim. Yani adam beni hem maddi hem manevi kandırmış oldu. Hemen yayınevini arayıp "Bu kitabın düzeltmeleri yapılmamış. İnsanlara bu kitap böyle gitmez. Kitabın satışını durdurun. Sizin zaten bir zararınız yok. Benden fazla fazla bütün basılan kitapların parasını aldınız." diyerek anlaşmayı iptal ettim ama onlar yine ellerindeki kitabı sattılar. Ben elimde kalan kitapları isteyen okullara ücretsiz yolladım. Onlar da velilerine dağıttı. Tabii yollarken içinde imla hataları olduğunu söyledim. Ücretsiz bile olsa bunu bilmeye insanların hakkı vardı.

Evet rotayı şaşırmış bir yazar. İlk deneme tam bir fiyasko oldu. Maddi olarak uğradığım zarar bir tarafa, manevi olarak çok üzülmüştüm. Eşim beni teselli etmeye çalışıyor: "Bak en azından denedin. İçinde kalmadı. Artık bu sevdadan vazgeç." O an eşime dönüp dedim ki: "Sen bir yere giderken yolu kaçırınca yolu kaçırdım deyip geri mi dönüyorsun yoksa yeni rota oluşturulmasını mı bekliyorsun? Ben vazgeçmiyorum. Bu kitap bir daha basılacak. Ben hayallerimin peşinden gideceğim. Şu an olmadıysa daha iyisi olacağındandır. Ben kendi hikâyemi yazmak istiyorum. Bu hikâyenin sonu böyle bitmemeli. Bir gün ölüp gittiğimde Allah'a anlatacak bir hikâyem olmalı. Arkamda bir eser bırakmalıyım." Aslında eşime bunları söylerken ondan ziyade kendimi ikna etmeye çalışıyordum. Neticede yeni bir rotadan devam etmek için hem kendimi hem de eşimi ikna ettim. Bakalım yeni rotada neler olacak! Bu arada çektiğim krediyi on iki ay boyunca ödedim. Kitap yok ama ödenmesi gereken bir borcu vardı. Bedel ödemeden başarı olmuyor bazen.

Vazgeçmek Yok Yeniden Başlıyoruz

Kitabın başına yeniden oturdum. Her şeyi sil baştan bir daha gözden geçirdim. Yazdıklarımı yeniden olgunlaştırdım. Yeni anılar, yaşanmışlıklar ekledim. Her gün yeniden yeniden okudum, okudukça olgunlaştırdım. Bu böyle aylarca devam etti. Hem yazıyordum hem de sosyal medya hesabım için içerik üretmeye devam ediyordum. Sosyal medya hesabım her geçen gün biraz daha büyüyordu. Tabii o ara yine yayınevi arayışındaydım. Kitabın son hâlini yayınevlerine e-posta olarak atıyordum ama ya olumsuz dönüyorlar ya da hiç dönüş yapmıyorlardı. Peki ben umudumu kaybediyor muydum? Asla! Kendi kendime en hayırlı zamanda olacağını telkin edip duruyordum. Arada umudumu kaybettiğim zamanlar da oluyordu ama asla o umutsuzluk çukurunun içine düşmedim. İnsan bu hayatta kendini nereye layık görüyorsa hayat da onu oraya layık görüyor. Kendimi o bildik dipsiz kuyulara bir daha asla layık görmedim. Çünkü yıllar önce sağlık anksiyetesi atakları geçirirken oraların ne kadar karanlık olduğunu ben çok iyi biliyordum. Bütün inancımla o hastalıklı düşüncelerin esiri olmadım. Bir gün mutlaka olacaktı ama benim istediğim zamanda değil, en doğru zamanda olacaktı.

Bir gün telefonum çaldı. Tam da eğitimdeyim. Arayan: Alişan Kapaklıkaya. Açtım telefonu: "Sen nasıl bir insansın, bunu nasıl yaparsın?" diyerek beni bir azarladı. Şok oldum. Acaba ne yapmış olabilirdim? Hani böyle sırtımdan aşağı ılık ılık bir şeyler aktı, derler ya; tam olarak onu yaşadım. "Abi ne oldu? Ne yapmışım ki ben?" dedim. O an bir kahkaha patlattı ve "Sen benden daha güzel bir kitap nasıl yazabilirsin? Bu kitap harika olmuş. Hemen kendi yayınevim ile konuşacağım. Senin kitabını bassınlar." dedi. O an sevinç ile şaşkınlık arasında bir duygu yaşadım. Nasıl heyecanlı ve mutluyum, tarifi yok. Bu olay olmadan birkaç hafta önce Alişan ağabeye çıkan kitabımı vermiştim. Yaşananları da anlattım. O da müsait olduğunda kitabı okumuş ve çok beğenmiş. Hemen bana destek olmak istedi.

Şu an belki şunu düşünüyorsunuz: "Keşke en başta Alişan Hoca'dan destek isteseydiniz maddi ve manevi zarara uğramazdınız." Ben asla böyle düşünmüyorum. Ben bugün beni zarara uğratan o yayınevine çok teşekkür ediyorum. İyi ki bana bunları yaşatmış. Neden biliyor musunuz? Bana önemli bir hayat tecrübesi kazandırdı. Belki duygusal ve maddi olarak uğradığımız zararlarda bedel öderiz ama bu zararın her zaman hayatımıza getirdiği çok önemli güzellikler vardır. Tabii buna bu nazarla bakabilene! Tam tersini düşünen, uğradığı zararı düşünmekten, gelen güzellikleri göremez. İnsanlar bir yola çıktıklarında eğer başarısız ve mutsuz oluyorlarsa hemen geri dönmek ister. İşte o noktada geri dönmek yerine yeni rotayı beklemek çok önemlidir. Ben, yapamadım diye geri dönmek yerine oturup kitabımı olgunlaştırdım. Eğer ilk başta Alişan ağabeyden destek isteseydim ve kitap büyük bir yayınevinde basılsaydı ben bugün ben olamazdım belki de... Neden mi? O zaman anlatmaya devam edeyim.

Sizin Kitabınız Satmaz!

İlk basılan kitap 112 sayfaydı ama ben onu son hâline getirdiğimde 224 sayfaya ulaşmıştı. Yani konuları ikiye katlamışım. Bir gün eşime dedim ki: "Ya ben bu kitabı yazarken çok ağladığım ve güldüğüm yerler oldu. Acaba insanlar da benim yazdıklarımı okurken benim kadar hissedebilecekleri mi?" Çünkü bu kitap benim çocukluğum, geçmişim, üzüntülerim, sevinçlerim, hepsini anlatıyordu. O da demişti ki: "İnsanın kalbinden çıkan söz karşı tarafın kalbinde yer buluyor." "Acaba gerçekten bulacak mı?" diye düşünürken yayınevinin aramasını bekliyorum. Ha bugün arar ha yarın arar derken yayınevi beni aramadı. Alişan ağabeye birkaç defa söyledim, ondan da ses çıkmadı. Çünkü o ara programları çok yoğundu. Bir ay, iki ay, üç ay geçti ne arayan var ne soran. Ben yine yayınevi arayışına geçtim.

Bir gün bir yayınevi döndü. Para karşılığı basabileceklerini söyledi. Ben o hataya bir daha düşer miyim? Tabii ki kabul etmedim. İnsanlar emek vermediği işe değer vermiyor. Benim cebimden çıkan para ile basılan kitap o yayınevi tarafından da değer görmeyecekti. Moralimi tabii ki bozmuyorum. Olacak Dilek, sadece vakti gelmedi, diyerek kendimi beklemeye alıyordum. Beklemeye alıyorum derken öyle oturarak değil. Yine yayınevlerine yazmaya devam ediyorum. Sosyal medya hesabım için içerik üretiyorum. Takipçi sayım her geçen gün artıyor. Takipçi demek hiç hoşuma gitmiyor. Gönül dostu diyelim. Sayfam için oyunlar hazırlıyorum, yazılar yazıyorum. Her geçen gün sayfamda olan insanlar ile bağ kuruyorum.

Dördüncü ayın sonunda beni büyük bir yayınevinden aradılar ve görüşmek istediklerini söylediler. Kitabımı okumuşlar ve çok beğenmişler. O an o kadar heyecanlandım ki kanat takıp uçabilirdim. Heyecanımın tarifi yok. Evin içinde sevinç çığlıkları atıyorum. Aradan iki saat geçti ya da geçmedi, ne oldu biliyor musunuz? Alişan ağabeyin beni önerdiği yayınevi de aradı. Nasibim bir anda açılmıştı. Bir karar vermeliydim. Alişan ağabey ile aynı yayınevinde olmak daha güvenilir olur, diye düşünüp onun çalıştığı yayınevi ile görüşmeye karar verdim. Birkaç gün sonrası için randevulaştık. O gün gelinceye kadar kitabı belki on kere okuyarak yine olgunlaştırdım. İşte hayat da böyle: Bizler bir kitabız, bizi okuyan herkes bir yönümüze değer katıyor, bir şey öğretiyor, olgunlaştırıyor. Zamanla sayfa sayımız çoğalıyor, sayfa sayımız çoğaldıkça bilgimiz, tecrübemiz çoğalıyor. Belki çok defa okunmaktan yıpranıyoruz ama bir taşa şekil vermek için bin darbeye ihtiyacımız var. Aslında yıpranmıyoruz da şekil alıyoruz demek daha güzel olacak.

O büyük gün geldi, yayınevine gittim. Bizi yayınevinin editörü Ahmet Bey karşıladı. Odasına geçtik. Ben o kadar heyecanlıyım ki sanki kalbim yerinden çıkacak. Ahmet Bey, beni gördüğüne çok memnun değil ama. Oturduk, bize bir çay ikram etti. Sorular sormaya başladı. Ne iş yapıyorsunuz? Bu kitabı neden yazdınız? Sizce kitabınız satar mı? Bunları sorarken niyeti beni tanımaya çalışmak değil de "Ne gerek var macera arıyorsun? Git mis gibi öğretmenliğini yap." demekti sanki. Çünkü bana geçen his buydu. Nitekim yanılmadım. Ve bombayı patlattı Ahmet Bey: "Bizim depolarımız sizin gibi hayalperest hocaların satmayan kitapları ile dolu. Hocam sizin alanınızda çok fazla tanınan yazar var. İnsanlar ebeveynlik ile ilgili bir kitap alacaksa seni neden tercih etsinler ki daha bilinen birinin kitabını alırlar."

Söylenen her cümleye tebessüm ile karşılık veriyorum. Size de tavsiyem olsun: Biri sizi üzmek, kızdırmak, aşağı çekmek, değersizleştirmek için konuşuyorsa onu tebessüm ile dinleyin. Böyle yaptığınız zaman siz değil, o kendini kötü hissedecektir. Çünkü ona verdiğiniz mesaj şu olacak: Senin ve söylediklerinin benim için bir önemi yok. Deneyin bak, nasıl işe yaradığını göreceksiniz. Editör konuşmaya devam etti: "Bence size bu kitaptan telif vermememiz lazım. Çünkü büyük ihtimal satmayacak. Yayınevimiz zarara uğrayacak ama size Alişan ağabeyin hatırına biraz telif vereceğiz. Sizin kitabınızı iki bin adet basacağız. Eğer iki bin adet kitap üç ay gibi bir sürede satarsa kitabınız satacak demektir. Ama satacağına inanmıyorum."

Aslında kurulan her cümle gözümde bir yaşa dönüşebilirdi ama izin vermedim ve yine tebessüm ederek dedim ki: "Herkes nasibinde ne varsa onu yaşar. Bu kitabın nasibinde satılmak varsa satılır yoksa satılmaz. Ben kitabıma yürekten inanıyorum. Benim kitabım insanlar tarafından çok sevilecek ve okunacak. Çünkü bu kitap benim elimden değil, yüreğimden dökülenler ile yazıldı." Beni aşağılayan gözlerle bakmaya devam edip "Hadi bakalım, dediğiniz gibi olur inşallah." dedi. Kitabın dosyasını teslim ettim ve yayınevinden çıktım.

İşte insanlar böyledir. Siz bir işe başladığınızda hemen sırtınızı sıvazlamayacaklar, "Sen yaparsın" demeyecekler, "Başarırsın" demeyecekler. Yüzünüze baka baka "Yapamazsın, başaramazsın, icat çıkarma, otur oturduğun yerde…" diyecekler. Bu noktada şöyle bir gerçek var: İnsanların size ne söylediği değil, sizin kendinize ne söylediğiniz önemlidir… Editör konuşurken ben kendime şunları söyledim: "Bu onun fikri, senin değil. Onun böyle düşünmesi gerçeğin bu olduğunu göstermez. Onun inandıkları değil, senin inandıkların önemli…"

Editörün hiçbir söylediğine takılmadım da tek takıldığım şu oldu: İki bin kitap üç ayda nasıl satacak? Eşime dedim ki: "Düşünsene iki bin kişi gidecek, benim kitabımı alacak. Bir değil, iki değil, on değil, yüz değil, iki bin kişi… Mümkün mü sence?" Eşim o an çok değerli bir cümle kurdu: "Ben inanıyorum satar ama diyelim satmadı ben şehir şehir gezer, o iki bin kitabı alır, bu lafı da o editöre yediririm." İç motivasyonunuz çok önemli ama bazen insanların yanınızda olduğunu hissettiren birkaç cümlesine ihtiyaç duyuyorsunuz.

Bakalım Neler Olacak?

Aradan birkaç ay geçti. Kapak tasarlandı. Editör okumaları ve düzeltmeler yapıldı. Veee kitap baskıya girdi. Sanki bir bebeğim daha dünyaya gelecekti. O kadar heyecanlıydım. Kitabın dağıtımı yapıldı ve o editör beni yine aradı: "Dilek Hanım hayırlı olsun. Kitabınızın dağıtımı yapıldı. Fakat siz çok talihsiz bir kadınsınız. Sizinkiyle aynı anda (çok tanınan bir yazar) onun da ebeveyn kitabı çıktı. Tabii ki onun kitabını alacaklar." dedi. Bu adam benim imtihanım diye düşünmeye başladım. Editöre dedim ki: "Herkes nasibini yer. O hanımefendi de nasibini yiyecek ben de." Telefonu kapattım. Derin bir nefes aldım. İşlerimi yapmaya koyuldum. Çünkü gerçek olan buydu: Herkes nasibini yer.

Aradan üç gün geçti, aynı editör bir daha aradı. Telefona bakarken açıp açmama arasında kaldım. Kim bilir yine neler diyecekti. Açmadım, söyleyecekleri içinde kalsın, dedim. Sonra bir daha aradı. İkinci defa aradıysa önemli olabilir, deyip açtım. "Dilek Hanım size güzel bir haberim var, kitabınız ikinci baskıya girdi." "Nasıl yani, iki bin kitap tükendi, bir daha mı bastınız, hem de üç gün içinde?" "Evet, Dilek Hanım. İki bin kitabı dağıttık ama kitabınıza yoğun bir ilgi var. O yüzden yeni baskıya giriyoruz." Gözyaşları içinde kapattım telefonu. Hemen eşimi aradım: "Kitap ikinci baskıya girmiş!" O da çok mutlu oldu. Çünkü verdiğim emeğin ve sabrımın o kadar farkındaydı ki...

Editör ertesi gün yine aradı: "Kitabınız üçüncü baskıya girdi." Duyduklarım inanılır gibi değildi, demeyeceğim aslında tam olarak inandığım gibiydi. Derken yayınevindeki ilk kitabım *Seni Anlıyorum Çocuk*, bir ayda 20 bin adete yakın baskı gördü.

Şimdi Sorarım Size Bu Kitap Bir Ayda mı Binlerce Baskı Gördü?

Çin'de yetişen Bambu ağacının önce tohumu ekilir, sulanır ve gübrelenir. Birinci yıl tohumda herhangi bir değişiklik olmaz. Tohum yeniden sulanıp gübrelenir. Bambu ağacı ikinci yılda da toprağın dışına filiz vermez. Üçüncü ve dördüncü yıllarda her yıl yapılan işlem tekrar edilerek bambu tohumu sulanır ve gübrelenir. Fakat, inatçı tohum bu yılda da filiz vermez. Çinliler büyük bir sabırla beşinci yılda da bambuya su ve gübre vermeye devam ederler. Ve nihayet beşinci yılın sonlarına doğru bambu yeşermeye başlar ve altı hafta gibi kısa bir sürede yaklaşık 27 metre boyuna ulaşır. Şimdi sorarım size: Çin bambu ağacı 27 metre boyuna altı haftada mı yoksa beş yılda mı ulaşmıştır?

Büyük bir sabırla ve ısrarla tohum, beş yıl süresince sulanıp gübrelenmeseydi ağacın büyümesinden hatta var olmasından söz edilebilir miydi?

İlk kitabım basıldığında 34 yaşındaydım. Bambu ağacının hikâyesinde olduğu gibi benim kitabım da bir ayda değil, otuz dört yılda binlerce baskı gördü. O zamana kadar yaşadıklarım, travmalarım, başarısızlıklarım, dertlerim, yüreğime ağır gelenler, attığım kahkahalarım, mutlu olma sebeplerim, başarılarım, hayatıma giren insanlar ve bütün bu olanların bana kattıkları; yani yaşadığım her şey bu kitabın bir ayda yirmi bine yakın baskı görmesini sağladı. Hiçbir şey bir günde, bir ayda olmuyor. Her başarının, mutluluğun arkasında çektiğiniz zahmetler var. Ölüp ölüp yeniden doğduğunuz günler, ayağınıza takılan çelmelere aldırış etmeden yolunuza devam etme çabanız var. "Yapamazsın!" diyenlere inat yapmaktan hiç vazgeçmeyen azminiz var. Geçmişe, yapılanlara, söylenenlere takılıp kalmadan geleceğe umut tohumları ektiğiniz anlar var. Canımız acıya acıya bir zamanlar en sevdiğimiz olan insanları kalbimizden söküp attığımız günler var. Var da var yani... Umutla çırptığın kanatlarınla yükselmek istiyorsan önce uçabildiğine senin inanman lazım.

Hikâyenin sonrasını da biliyorsunuz ama bilmeyenler için anlatayım. İstifa ettim, kendi yayınevimi kurdum. Bugün bu kitapla birlikte yedi yetişkin, onlarca çocuk kitabım ve tabii ki bana yürek vermiş sizin gibi milyonlarca dostum var. Bugün burada olmama en büyük katkısı olanlardan biri de sizlersiniz. Hepinize çok teşekkür ediyorum, bana inandığınız ve eserlerime sahip çıktığınız için.

Benim hikâyem kısaca böyle dostlar. Umarım esinlendiğiniz, feyz aldığınız yerler olmuştur. Her başarının arkasında birilerinin size vereceği mutluluk değil, sizin kovalayıp yakaladığınız bir mutluluk var.

Bu Hikâyeyi Çok Seviyorum

Kartal, kuş türleri içinde en uzun yaşayanlardandır. Yetmiş yıla kadar yaşayan kartallar vardır. Ancak bu yaşa ulaşmak için 40 yaşlarındayken çok ciddi ve zor bir kararı vermek zorundadır. Kartalın yaşı 40'a dayandığında pençeleri sertleşir, esnekliğini yitirir ve bu nedenle de beslenmesini sağladığı avlarını kavrayıp tutamaz duruma gelir. Gagası uzunlaşır ve göğsüne doğru kıvrılır. Kanatları yaşlanır ve ağırlaşır. Tüyleri kartlaşır ve kalınlaşır. Artık kartalın uçması iyice zorlaşmıştır. Dolayısıyla kartalın burada iki seçimden birisini yapması gerekir. Ya ölümü seçecektir ya da yeniden doğuşun acılı ve zorlu sürecini göğüsleyecektir. Bu yeniden doğuş süreci yüz elli gün kadar sürecektir. Bu yönde karar verirse kartal bir dağın tepesine uçar ve orada bir kaya duvarda, artık uçmasına gerek olmayan bir yerde yuvasında kalır.

Bu uygun yeri bulduktan sonra kartal gagasını sert bir şekilde kayaya vurmaya başlar. En sonunda kartalın gagası yerinden sökülür ve düşer. Kartal bir süre yeni gagasının çıkmasını bekler. Gagası çıktıktan sonra bu yeni gaga ile pençelerini yerinden söker çıkarır.

Yeni pençeleri çıkınca kartal bu kez eski kartlaşmış tüylerini yolmaya başlar. Beş ay sonra kartal, kendisine yirmi yıl veya daha uzun süreli bir yaşam bağışlayan meşhur yeniden doğuş uçuşunu yapmaya hazır duruma gelir.

Bu hikâye hakkında yorumu sana bırakıyorum, ben yorum yapmıyorum. Bakalım kendi hayatın için bu hikâyeden nasıl çıkarımlarda bulunacaksın?

Tabii Her Hayalinizin de Peşinden Koşmayın

Her hayalinizin peşinden koşmaya kalkarsanız buna ömrünüz yetmez dostlarım. Bir hayale odaklanıp onu geliştirmeniz en doğru olandır. "Benim bir sürü hayalim var, hangisini gerçekleştireyim?" ya da "Kendim için en doğru hayali nasıl bulacağım?" diye sorabilirsiniz.

En merak ettiğin ve yaparken en keyif aldığın şey en doğru hayalindir. Çünkü insan merak ettiğini geliştiriyor ve keyif aldığı yerde de akışta oluyor. Ben öğretmen olarak çalışırken yarım gün mesai yapıyordum, şimdiyse bazen yirmi dört saat bile mesai yaptığım oluyor. Asla yoruldum, demiyorum. Ne kadar yorgun olursam olayım ertesi güne heyecanla başlıyorum. Çünkü yaptığım işi çok seviyorum. Öğretmen olmak çocukluk hayalimdi. Onu da çok severek yaptım ama yazmak hayalimin ötesinde bir şey. Yazmak: Benim için hayatın ta kendisi.

Yapmış olduğunuz işlerde amacınız karnınızı doyurup hayata devam etmekse karnınızı doyurarak hayata devam ediyorsunuz ama amacınız karnınızla birlikte gönlünüzü doyurmaksa işte o noktada bambaşka bir yere evriliyorsunuz. Gönlünüzün doyduğu yer zihninizin aç olduğu yer oluyor. Zihin aç oldukça sürekli geliştirmek ve üretmek istiyor. Çünkü gelişip ürettikçe gönül doymuş oluyor. Sonra mutlu olduğunuz yerde bağımlılık yapan hormonlarınız daha fazla salgılanıyor. Hormonlar salgılandıkça işinize bağlılığınız artıyor. Bunların hepsinin sonucu da siz başarılı bir insan olmuş oluyorsunuz.

Hayal kurarken tabii ki ufkunuz geniş olsun ama o ufukta da kaybolmayın. Hayallerinizi küçük adımlar ile gerçekleştirin. Diyelim ki sizin hayaliniz, restoran zincirleri kurmak. Hemen gidip bir yer tutup ciddi yatırımlar yapmayın. İşe önce mutfaktan başlayın. İlk yapmanız gereken bir aşçılık kursuna gitmek ve yemek yapmayı öğrenmek olmalıdır. İşin mutfağını bilmezseniz tezgâhını yönetemezsiniz. Sonra bir yerlere gidip garson olarak çalışın. Halk ile temas edin. Beklentileri gözlemleyin. Aksaklıkları tespit edin. Olası hataları hesaplayın. İmkânınız varsa Türkiye'de ve mümkünse en bilinmiş restoranları gezin, fikir edinin. Eğer başka ülkelere gitme şansınız varsa farklı dünya mutfaklarını görün. Sonra kendinize bir restoran açın.

Hayaliniz mutlu bir insan olmaksa önce kendinizle mutlu olmayı öğrenin ve kimseyi mutluluk kaynağı olarak görmeyin. Bedeninizi sevin ve olduğu gibi kabul etmeye çalışın. Tabii isterseniz sizi mutlu edecek değişiklikler yapabilirsiniz; ama değiştiremediklerinizle de kavga edip durmayın. Hayatın içinde üzüntüler olabileceğini kabul edin. Kimseyi değiştirmek için uğraşmayın. Yanında mutlu olduğunuz insanlar ile daha fazla iletişim kurun ve kendinizi mutlaka bir konuda geliştirin.

Hayaliniz mutlu bir yuva kurmaksa size değer katan biri ile evlenmeye çalışın. İçinde insan sevgisi olan, kendi kendine yetebilen, sizi evinize esir etmeyecek, gelişiminizi destekleyecek, kötü gününüzde yanınızda olacak, hayata karşı bir duruşu ve görüşü olan biri ile evlenin. Tabii siz de böyle bir insan olun.

Hayallerinizi gerçekleştirmek için atacağınız adımlar, alacağınız kararlar ve gösterdiğiniz duruş çok önemlidir. Çünkü her tercihinizin bir sonucu olacaktır. Tercihler ne kadar doğru olursa sonuç da o kadar güzel olur.

Şimdi Her Şey Değişebilir…

Şu an içinde bulunduğunuz durumu düşünmenizi istiyorum. Mutlu muyum? Bu soruyu kendinize sorun lütfen! Mutluluk kaynaklarım neler? Mutluluk kaynaklarıma sahip olmak için neler yaptım? Mutlu olmak istediğime yeterince emin miyim? Etrafımdaki insanlar beni üzüyor mu? Kendimi değersiz hissediyor muyum? Başarısız olduğumu düşünüyor muyum?

Bu soruların çoğuna olumsuz cevap verdiyseniz bunun sebebi hiç kimse değil, sizsiniz. Siz izin verdiğiniz için insanlar sizi üzdü. İnsanların söylediklerini kendi iç sesiniz yaptınız. "Başaramam, yapamam, denedim olmadı." sözlerini kendi yüzünüze haykırdınız. Geçmişe takılı kalıp gelecek için hep kaygılandınız ya da "Kaderim buymuş." deyip çoğu meseleye boyun eğdiniz. Belki de hep başkalarından medet umdunuz. Sonra da insanları suçladınız. Bana yardımcı olmadı, bana değer vermedi, benimle ilgilenmedi… Siz acaba kendinize yardımcı oluyor musunuz? Kendinize değer veriyor musunuz? Kendinizle ilgileniyor musunuz? Bu hayatta kendinizi nereye koyuyorsunuz? Siz bu hayatta kendinizi nereye koyduysanız insanlar da oraya koyacak sizi. Ne demiş Yunus Emre: "*Başarı emeğe âşıktır.*" Acaba kendimiz için nasıl bir emek verdik? Ne kadar cesurduk? Acaba bize engel olan, insanlar değil de kendimiz olabilir miyiz?

Bir bilge, bir göletin başında oturmaktadır. Susuzluktan kırılan bir köpeğin devamlı olarak gölete kadar gelip tam su içecekken kaçması dikkatini çeker. Dikkatle izler olayı. Köpek susamıştır ama gölete geldiğinde sudaki yansımasını görüp korkmaktadır. Bu yüzden de suyu içmeden kaçmaktadır. Sonunda köpek susuzluğa dayanamayıp kendini gölete atar ve kendi yansımasını görmediği için suyu içer. O anda bilge düşünür: "Bir insanın istekleri ile arasındaki engel, çoğu zaman kendi içinde büyüttüğü korkulardır. Kendi içinde büyüttüğü engellerdir. İnsan bunu aşarsa istediklerini elde edebilir." der.

İşte anlatmak istediğim tam olarak bu. Bazen insanın en büyük engeli kendi yansıması oluyor. Göle atlamadan kendi yansımandan kurtulamazsın.

Minik Değişiklikler Büyük Farklar Yaratır...

Öğretmen olarak ilk göreve başladığım okul ile evim arasındaki mesafe beş kilometreydi. Evimden okula bir süre araba ile gittim ama sonra arabamı satmak zorunda kaldım. Arabamı satınca okula yürüyerek gidip gelmeye karar verdim. Artık her gün bir saat yürüyordum. Aradan üç dört ay gibi bir zaman geçtikten sonra bir gün tartıya çıktım ve üç kilo verdiğimi, aynı zamanda uzun süredir yaşadığım bel ağrılarımın bittiğini fark ettim. Aslında herhangi bir diyet yapmamıştım veya bel ağrılarım için ilaç falan da kullanmıyordum. Fizik tedavi de almadım. Bu nasıl böyle oldu diye düşünürken hayatıma kattığım yeni alışkanlığım aklıma geldi: Yürümek.

Birileri ile sohbet ederken konuya ne kadar dâhil olduğunuz öz güveniniz kadar bilginiz ile ilgili değil mi? Ne kadar bilgi birikiminiz varsa o kadar da fikriniz vardır. Peki bilgi birikiminizi neye borçlusunuz? Tabii ki okuma alışkanlıklarınıza...

Şimdi dolabınızı açıp bakmanızı istiyorum. Buzdolabı, kıyafet dolabı, banyo dolabı... Dolaplarınızın içi çok düzenli olabilir, biraz dağınık olabilir ya da kedi, yavrusunu kaybetse bulamayacak kadar dağınık olabilir. Evinizdeki düzeninizi neye borçlusunuz? Temizlik alışkanlıklarınıza...

Şu an bankada yatırım olarak ayırdığın paranı düşün ya da yastık içlerinde sakladığın altınları, dolarları düşün. Ne kadar birikimin var? Hiç birikimin de olmayabilir. Şu anki birikimini neye borçlusun? Harcama alışkanlıklarına...

Bugün bütün hayatınızı gözden geçirmenizi istiyorum. Şu anki kilon, bilgin, sağlığın, ilişkilerindeki başarın, hepsi alışkanlıklarının sonucu değil mi? Bugün sağlığını beslenme ve uyuma alışkanlıklarına, kilonu yeme alışkanlıklarına, bilgini okuma alışkanlıklarına, mutluluğunu kendine değer verme alışkanlıklarına, başarını çalışma azmindeki alışkanlıklarına, ilişkilerindeki huzuru ya da huzursuzluğu iletişim alışkanlıklarına borçlusun. Yani alışkanlıklarınız hayatınıza yaptığınız yatırımdır. Doğru alışkanlıklar size değer katar, yanlış alışkanlıklar değer kaybettirir. Bankaya yatırdığınız para gibi düşünün. Bugün sahip olduğunuz her şey alışkanlıklarınızın faizidir.

Bugün seni ne mutsuz ediyor? İş hayatın mı, öz güven sorunu yaşıyor olman mı, aile ilişkilerin mi, kazandığın para mı, geri getiremediğin zaman mı, söyleyemediğin sözler mi, iş arkadaşınla yaşadığın sorunlar mı, kilon mu? Bugün seni mutsuz eden her neyse oradaki alışkanlıklarına odaklanmanı istiyorum.

"Ah Dilek Hanım, yeni bir alışkanlık edinmek o kadar kolay mı?" diye soruyor musunuz? Tabii ki kolay değil ama imkânsız da değil. Psikolojiniz ve bedeniniz hemen konforlu alanından çıkmak istemeyecek elbet. Size direnç gösterecek.

Bilinçaltınız daha önceki öğrendikleriyle size "Bu minik değişikliğin hayatına bir katkısı olmayacak, boşuna uğraşma, hiçbir şey değişmeyecek." diyerek sizi durdurmaya çalışacak, yolunuzdan vazgeçirmeye çalışacak. İşte bu noktada sizin kararlı duruşunuz ve akıllıca attığınız adımlar çok önemli.

Diyelim ki şu anki kilonuzdan rahatsızsınız. Bir türlü diyet yapamıyorsunuz. Her pazartesi başlayıp hafta ortasında bozuyorsunuz. Bu neden böyle oluyor biliyor musunuz? Çünkü alışkanlıklarınıza yüzde yüz bir iyileşme getirmeye çalıştınız. Ama alışkanlıklarımız bizim hayatımızın tam olarak kendisini oluşturuyor. Her gün bir ekmek yerken bir anda kesmek; makarnayı, pilavı tabak tabak yerken bir anda sofradan kaldırmak ciddi bir direnç gerektirir. Ortada yorucu bir direnç söz konusu ise beden hemen konforlu alanına dönmek isteyecektir. İşte bu sebepten de hafta ortasında diyeti bırakacaksınız. Böyle radikal bir değişim yerine bağımlısı olduğunuz alışkanlıklarınızı hayatınızdan çaktırmadan çıkarırsanız bedeniniz ve psikolojiniz buna daha çabuk uyum sağlayacaktır.

Mesela diyet sürecinde olan birinin tabaklarını küçültmesi, az yemek yeme alışkanlığı kazanması açısından daha etkili bir yöntemdir. Her gün yemek yediğiniz tabağa az yemek alıp tabağın boş olduğunu düşünmek yerine küçük bir tabağa yemek almanız tabağın dolu olduğu hissini verir. Çünkü bizim toplum olarak önce gözümüzün doyması lazım değil mi? Şimdi sizinle bir matematik hesabı yapalım. Her gün otuz kaşık pilav ve bir ekmek yiyorsunuz. Bu alışkanlığınızda bir iyileşmeye gitmek istediniz. Ekmeği dilimlediniz ve dokuz dilim çıktı. Her gün üç dilim ekmek eksik yeseniz ve her öğünde on kaşık pilavı tabağınıza eksik alsanız bir yılın sonunda 1095 dilim ekmeği ve 3650 kaşık pilavı daha az yemiş olursunuz. Her gün uyguladığımız küçük bir iyileşme bir yılın sonunda ne kadar büyük bir fark yaratıyor değil mi? Bunu bir de bütün bir ömre yayın bakalım. Asıl farkı o zaman daha iyi anlayacaksınız.

Çocuğunuzla daha fazla oyun oynamak istiyorsunuz ama bir türlü uyum sağlayamıyorsunuz. Her gün bir saat değil yirmi dakika oyun oynayın. Bir yılın sonunda 7300 dakika birlikte oyun oynamış olursunuz.

Kitap okumak istiyorsunuz ama bir türlü başaramıyor musunuz? Her gün yüz sayfa okumak zorunda değilsiniz. On beş sayfa okusanız bir yılın sonunda 5475 sayfa kitap okumuş olursunuz.

Her gün içtiğiniz sigaradan üç tane eksik içseniz yılda 1095 tane daha az sigara içmiş olursunuz, bu da elli dört paket sigara yapar. Bir paket sigara 50 lira desek elli dört paket sigara 2700 lira yapar. Günde üç tane sigara eksik içerek bir İngilizce kursuna yazılabilirsin.

James Clear diyor ki: "*Bir yıl boyunca her gün %1'lik bir iyileşme kaydetseniz, yıl sonuna geldiğinizde 37 kat daha iyi olursunuz. Tam tersi şekilde, 1 yıl boyunca her gün %1 daha kötüye giderseniz, neredeyse 0'a kadar inersiniz. Küçük bir kazanç ya da önemsiz bir engel olarak başlayan şey, sonunda birikerek çok daha fazlasına dönüşür.*"

Yani kısaca sevgili dostum, hayatında yeni bir rota oluşturmak istiyorsan alışkanlıklarında iyileşmeye gitmek zorundasın. Ufak demeden, yapamam demeden, bana ne faydası olacak demeden attığın her minik adım, zamanla hayatında dev bir adıma dönüşecektir.

Adamın biri yolun kenarına dikenler ekti. Dikenler büyüyüp gelişince yoldan geçenleri rahatsız etmeye başladı. Gelip geçenler, "Bu dikenleri sök, insanları rahatsız etmesin." dediler. Adam bunları duyuyor fakat aldırmıyordu. Bir gün Allah'ın bir velisi ona "Mutlaka bu dikenleri sök." dedi. Adam itiraz etmedi. "Evet mutlaka bir gün sökerim." dedi. Adam ha bire yarın dedikçe dikenler büyüyüp güçleniyordu. Bir gün bir âlim, dikenleri sökmeyen adama "Ey vaadinde durmayan adam, sök şu dikenleri bu işi sürüncemede bırakma." dedi. Adam "Babacığım, bir hayli gün var, bugün olmazsa yarın, bir gün mutlaka bu işi yapacağım." dedi. Âlim adam, bunun üzerine şu sözleri söyledi: "Sen, hep yarın diyerek bu işi erteliyorsun; fakat şunu bil ki her geçen gün o dikenler büyüyüp güçleniyor, dikenleri sökecek olan sen ise güç kuvvet kaybediyorsun, dikenler gün geçtikçe gençleşiyor, sense ihtiyarlıyorsun."

İşte olumsuz alışkanlıklarımız da yol kenarına dikilen dikenler gibidir. Eğer biz onların bize verebileceği zararı önceden fark edip onları söküp atmazsak "yarın yarın" diyerek iyileşmeyi, yeniden başlamayı, başarmak istediklerimizi ertelersek bir gün o dikenler büyüyecek, güçlenecek ve bizim yapmak istediğimiz her şeyin karşısında önemli bir engel olacak. Yeniden başladığımız noktada da ellerimizi çok kanatacak. Yarın değil şimdi yüzde birlik bir iyileşmeye ihtiyacımız var.

Çabanın Olduğu Yerde Özgürlük Vardır

Cam tavan sendromunu daha önce duydunuz mu? Cam tavan sendromunun ismi, geçmişte Doktor David J. Schwartz tarafından yapılan ve 1969'da da *Wall Street Journal*'da yayımlanan bir deneyden gelir. Deneyde cam fanusa konan pirelerin durduğu metal zemin ıslatılır. Pireler ıslaklıktan kaçmak için zıplarlar ve her zıplayışta cama çarparlar. Biraz zaman geçtikten sonra cam fanus kaldırılır.

Deneyin ilginç sonucu burada ortaya çıkar ve pireler cam fanusun sınırlarından daha yükseğe zıplayabilecek güce sahip olmalarına rağmen sanki fanus hâlâ varmışçasına aynı sınır içinde zıplamaya devam ederler. Yapılan koşullanma deneyi ile pirelerin fiziksel olarak karşılaştıkları sınırlar ortadan kalksa bile hâlâ onlar varmış gibi davrandıkları gözlenir.

İşte aynı durum bizlerin hayatında da var. Ne zaman yeni bir işe başlamaya karar versek ya da umutla yeni bir karar alsak hemen geçmişte yaşadıklarımızın bize öğrettikleri, anne ve babamızın fısıltıları, "Ya yapamazsam aman el âleme rezil olurum." kaygıları gelir, görünmez bir cam tavan olur başımızda ve daha yükseğe zıplayacak yeteneğe sahip olduğumuz hâlde potansiyelimizi sınırlarız. Denemekten, gelişmekten ya da var olduğumuz yerden vazgeçmekten korkarız. Çünkü zihnimizdeki cam tavan bizi mutluluğa, başarıya götürecek bütün yolları kapatmıştır.

İşte bu noktada aklıma Kartacalı General Hannibal'in şu sözü geliyor: *"Ya bir yol bulacağım ya bir yol yapacağım."* Hannibal büyük bir stratejist ve komutan, Alpler'i ilk defa geçen kişi de o. Şöyle düşünün; ortada aşılmamış bir dağ var ve o dağları aşacak bir yol yok. Üstelik ortalık kar kış. Tabii en ilginç olanı, bu dağların yüz binden fazla asker ve onlarca fille aşılacak olması. Hayal ettiğinizde insana ne kadar imkânsız geliyor. İşte Hannibal, komutanları en umutsuz düştüğü anda bu sözü söylemiştir. Olmayan yolu kendi yapmış ve Roma ordusunu bozguna uğratmıştır.

Mustafa Kemal Paşa, *"Ya istiklal ya ölüm!" "Ben size savaşmayı değil, ölmeyi emrediyorum!"* derken bağımsızlığa giden bütün yolları açmış olmadı mı?

Fatih Sultan Mehmet *"Ey Konstantiniyye! Ya sen beni alırsın ya ben seni alırım."* demeseydi bugün İstanbul fethedilebilir miydi?

Bir şeyi başarmak için önce görünmez cam tavanlarınızı kırmanız gerekiyor.

Eğer istekleriniz, arzularınız, hayalleriniz içinde bulunduğunuz topluma ya da etrafınızdaki insanlara zarar vermiyorsa sizi hayalleriniz ile buluşturacak yolu yine siz bulabilirsiniz. Atatürk bağımsızlık hayali kurmasaydı ve bu hayale Türk askerlerini inandırmasaydı ortada vatan diye bir şey olur muydu? Hayallerinizi gerçekleştirmek için bir yatırım fonuna, bankadan alacağınız finansa, bir akrabaya, birinin selamına, alkışına "Sen yaparsın" cümlelerine ihtiyacınız yok. İhtiyacınız olan tek şey: Kendinize koyduğunuz cam tavanları kırmak ve potansiyelinizi fark etmek. İşte siz o gün bağımsızlığınızı ilan etmiş bir ülke oluyorsunuz. Kimsenin işgalci düşüncelerinin esiri olup sömürgeyi kabul etmeyin. Bağımsızlığa ve başarıya giden bir yol elbet vardır.

Senin Etiketin Ne?

ABD'nin Teksas eyaletinde bir kız çocuğu doğdu. Adı: Lizzie Velasquez. Lizzie marfan sendromu (anormal bağ dokusu) ve lipodistrofi (deri altında yağ dokusunun olmaması) adlı nadir görülen hastalıklara sahip olarak dünyaya geldi. Günde altmış öğün bile yemek yese belli bir kilonun üstüne asla çıkamiyor. Küçükken göz, kulak ve ayaklarından operasyonlar geçirmek zorunda kalıyor. Lizzie hastalığından dolayı arkadaşlarından çok farklı bir görünüme sahip. Okul hayatı boyunca arkadaşları tarafından hep akran zorbalığına maruz kalıyor. Arkadaşları onun tuhaf görünümü ile hep dalga geçiyor. Lizzie için hayat hep çok zor oluyor. Lizzie'nin ailesi sevgi dolu bir aile. Lizzie'ye hayatı boyunca hep destek olmaya çalışıyor.

Lizzie için hayat yeterince zorken bir gün YouTube'da gördüğü video hayatını değiştiriyor. Videoda, kendisi hakkında "Dünyanın En Çirkin Kadını" başlığı kullanılıyordu. Dört milyondan fazla izlenen videonun altında yapılan yorumlar ise kin ve nefret doluydu. İçlerinden birileri "Senin yakılman lazım", "Onu sokakta görsem kör olurdum", "Kafana bir silah daya ve kendini öldür" diyordu. Birçok kez intiharı düşündüğünü söyleyen Lizzie, bu yorumlar karşısında şok içinde kalmış. Genç bir kız için ne kadar yıkıcı bir durum değil mi? Oysa en beğenilmek istendiğin bir yaşta dünyanın en çirkin kadını ilan ediliyorsun.

BBC'nin haberine göre Lizzie o günler için "Geceler boyunca ağladım, ergendim ve hayatımın sona erdiğini düşündüm. Bunu önce hiçbir arkadaşıma söyleyemedim, böyle bir şey yaşadığım için şok içindeydim." diyor.

Şimdi empati kurup kendinizi Lizzie'nin yerine koymanızı istiyorum. Sanırım bir insanın başına gelebilecek en kötü şeyler gelmiş, diye düşünürsünüz. Empati kurduğumda gerçekten ben de aynı şeyi düşünüyorum. Hani bir laf var ya: "İnsan kendini beğenmezse çatlar, ölürmüş." Bir insanın kendini beğenmesini engel olacak en büyük etiket ile karşı karşıya kalmak, düşününce gerçekten çok ürkütücü olabiliyor. Peki bundan sonra ne olmuş, merak ediyor musunuz? Lizzie uzunca günler yataktan çıkmamış, kimseyle görüşmemiş. Hayata dair bütün umutlarını yitirmiş.

İnsan en dibe düştüğü zaman zannediyor ki bir daha aydınlığı hiç göremem, bir daha gülemem, mutlu olamam, sevemem, sevilemem, başaramam... Sonra bir gün bu hâlden o kadar yorulursun ki üzerinde tabut gibi duran yorganı bir kenara iter, sana diri diri mezar olan o yerden çıkarsın. En yakınındaki aynaya bakar, kendinle yüzleşirsin. Düşünmekten, ağlamaktan, uykusuzluktan yorgun düşmüş gözlerine bakarsın. "Ben kendime ne yaptım?" dersin. Sonra banyoya gider, yüzünü yıkarsın, karanlık olan ne varsa hepsinden arınmak istersin. Sonra bir kahve yaparsın kendine ya da ocağa bir çay koyarsın. Biraz sağı solu toplarsın. Aslında toplamaya çalıştığın zihnindir. Ortalık toplandıkça zihnin de toplanır. Sonra alırsın çayını ya da kahveni pencerenin önüne geçer, uzun uzun dışarıya bakarsın. Görebildiğin en uzak yere gözlerin odaklanıp kalır. İşte o ufuk çizgisinde odaklandığın yer, yeniden yeşertmeye çalıştığın umudun olur. Sonra üzerine bir şey alır, kendini sokağa atarsın. Çünkü zihninde uzun uzun yürünecek mevzular vardır. Ölçersin, biçersin, tartarsın, sonra bir karar verirsin: "Her şeye yeniden başlayabilirim."

Herkes hayatında en az bir kere o karanlık çukura düşmüştür. Ben de düştüm. Bugün iyi ki düşmüşüm diyorum. O karanlık çukur bana her şeyden önce canımın kıymetini bilmeyi öğretti. Günahlarıma ve yanlışlarıma sahip çıkmayı öğretti. Düştüğüm yerden daha sağlam kalkmayı öğretti. Çünkü ben oraya bir daha düşmemek için var gücümle yarınlarıma umut ekmekten asla vazgeçmedim. İnsanın cenneti de cehennemi de kendi zihninin içinde.

Lizzie de bu karanlık çukurda kalarak hayata devam edemeyeceğini anlıyor ve kameranın karşısına geçip bir video çekiyor. Bu videoda insanlara "Kim olduğunuzdan ve görünüşünüzden utanmayın." diyerek benzer durumda olan insanlara tavsiyeler vermeye başlıyor. Videoları milyonlar tarafından izlenmeye başlıyor. Birçok okuldan "akran zorbalığı" ile ilgili konuşması için davetler alıyor. Bugün Lizzie Velasquez, önemli bir konuşmacı ve aktivist.

Okullarda çocuklar arasında dalga geçme ve aşağılamalar üzerine konferanslar veren, ABD'de bu konuda ilk olabilecek bir yasa için lobi faaliyetleri yürüten Lizzie Velasquez, insanlara güç verecek kitaplar yazıyor. Lizzie'nin şu anki ünvanı ne, biliyor musunuz?

"DÜNYANIN EN CESUR KADINI" ve şu an onu milyonlar alkışlayarak izliyor.

Şimdi Etiketleri Yırtma Zamanı!

Lizzie'nin hayatını okuyunca o kadar çok etkilenmiştim ki... Bir kadın olarak toplumun dayattığı güzellik algısına rağmen Lizzie, güzelliği ile başarı elde etmiş birçok kadından daha başarılıydı ve anlattıkları ile çok daha güzeldi. Sonra etiketleri düşündüm. Doğduğumuz günden beri birileri üzerimize hep bir etiket yapıştırıyor: "Güzel-çirkin, yaramaz-uslu, çalışkan-tembel, becerikli-beceriksiz, sevilmeyi hak ediyor-etmiyor, değerli-değersiz... Biz bu etiketlerin bazılarını o kadar sahipleniyoruz ki aksi olabileceğine ihtimal vermiyoruz.

Kenan'ın gözleri görmüyordu. Fakat ailesi, Kenan kalem tutmaya başladığı andan itibaren onun eline boya kalemleri vermeye başladı. Kenan özgürce istediği gibi karaladı, boyadı. Ama rastgele karalamak bir gün Kenan'ın canının sıkılmasına sebep oldu. Annesine bir gün "Ben elma çizmek istiyorum." dedi. Annesi hemen ağaçtan bir elma kopardı ve Kenan'a verdi. Kenan elmaya dokundu, kokladı, onu yeniden parçalara ayırdı. Her zaman karnını doyurmak için yediği elmaya şimdi tanımak için dokunuyordu. Sonra boya kalemlerini eline aldı ve bir elma çizdi ama çizdiği elma hiç elmaya benzemiyordu. Kenan annesine sordu: "Oldu mu? Bir elma çizebildim mi?" Annesi heyecanla cevap verdi: "Bu benim hayatımda gördüğüm en farklı ve en güzel elma resmi. Bence sen harika bir ressam olacaksın." Kenan o günden sonra her sabah kalkıyor, bahçeye çıkıyor; taşa, toprağa, çiçeğe, kediye, dokunabileceği her şeye dokunup dokunduklarının resmini çizmeye çalışıyordu. Dokunamayacağı kadar büyük olan şeylerin de annesi kabartmalı resmini ya da maketini yapıyordu. Kenan yıllar içerisinde her şeyi o kadar güzel çizdi ki hatta bir resim sergisi bile açtı. Kenan ilerleyen yıllarda bir ressam olarak hayatına devam etti.

Can, eli kalem tutmaya başladığı günden beri etrafı karalamaya, duvarlara, yerlere resim yapmaya bayılıyordu ama ne zaman eline kalem alsa annesi hemen kalemleri topluyor, "Yine etrafı berbat edeceksin!" diyerek onun resim yapmasına engel oluyordu. Can resim yapmayı o kadar seviyordu ki annesinin bütün tepkisine rağmen vazgeçmedi. Bu sefer yerden bulduğu kiremit kırıntıları ile kaldırımlara ya da bir ağaç dalı ile toprağa resim yapmaya başladı. Yaptığı resimleri bazen anne ve babasına gösteriyordu: "Bakın harika bir resim yaptım." Çoğu zaman ailesi onun gösterdiği resimleri umursamıyordu. Bazen de: "Bu ne biçim bir resim!" diyerek dalga geçiyorlardı. Bir gün Can eline geçirdiği bir tebeşirle odasının duvarına bir orman çizdi. "Nasıl olsa tebeşir silinebilir, annem de bana kızmaz." diye düşündü. Heyecanla annesinin yanına koştu ve ona bir sürprizi olduğunu söyledi. Annesinin elinden tuttu ve odaya götürdü. Hemen resmini anlatmaya başladı: "Anne bak burada bir orman var. İçinde vahşi hayvanlar..." daha cümlesini tamamlamadan annesi bağırmaya başladı: "Sen buna orman mı diyorsun? Bu ne biçim bir orman? Sen resim falan yapamıyorsun. Sadece ortalığı batırıyorsun. Beceriksizsin işte! Artık bunu kabul et ve evimi batırıp durma!" Can o gün kalemi elinden bıraktı ve bir daha asla resim çizmedi. Okulda resim derslerinde bile resim yapmıyordu. Aradan yıllar geçti. Can büyümüş, kocaman bir adam olmuştu. Can'ın kızı Güzel Sanatlar Akademisinde okuyordu. Bir gün Can'ın kızı evdeki eski kitapları kurcalarken bir resim buldu. Hemen babasına gösterip "Bu resmi kim yaptı?" diye sordu. Can resmi görünce çok şaşırdı ve hemen o resmi yaptığı günü hatırladı. Yıllar önce yaptığı bir gökyüzü resmiydi. Bulutların arasında ejderhalar uçuyordu. Nasıl olduysa kitapların arasında unutulmuştu. Yüzünde kocaman bir gülümse ile resme bakarken birden panikledi. Bu berbat resim ile kızı da dalga geçecek miydi? Tam "Bilmiyorum kimin yaptığını." diyecekti ki kızı lafa atıldı: "Sanırım bir çocuk yapmış ve bir çocuğa göre harika bir çizim, aynı zamanda müthiş bir hayal gücü var." dedi. "Baba kim yaptı bu resmi, mutlaka onunla tanışmayalım." Can birden çok şaşırdı, sesi titreyerek "Ben yaptım." dedi. O günden sonra Can, yeniden resim yapmaya başladı. Kızı ona resim yapmanın birkaç ince ayrıntısını gösterdi. Can o kadar güzel resimler yaptı ki bir gün kendi hikâyesini resim bölümü öğrencilerine anlatması için üniversiteye çağırıldı.

Lizzie ve Kenan'ın başarmasındaki en büyük rol neydi? Ailesinin onlara yapıştırdığı etiketler. Can aslında çok yetenekli bir çocukken resim yapmasına engel olan neydi? Yine ailesinin ona yapıştırdığı etiketler. Herkes Kenan ve Lizzie kadar şanslı olmayabiliyor. Bazen açık olan gözlerimizi kör eden, duyan kulaklarımızı sağır eden, tutan ellerimizi felç eden ailemizin bize yapıştırdığı etiketler oluyor. İnsanın kendi ruhundan koparıp attığı en zor etiket de sanırım ailesinin yapıştırdığı etiketler oluyor. Hani demiştim ya: "Hayat otobüsünüzün şoförü bir gün siz olacaksınız. O gün kendi kararlarınızı kendiniz vereceksiniz." İşte şoför olduğunuz gün gideceğiniz yollara karar verirken hangi etiketler ile gideceğinize de karar verin. Size zarar veren, aşağı doğru çeken, adım atmanıza ve harekete geçmenizde engel olan etiketleri bulun. Onları eliniz ile tutup caaaarrttt diye kopartın. Sonra paramparça edin ve en son noktada onlara "Sen bana ait değilsin." diyerek onları yakın. Küllerini de sağa sola savurun, bir daha bir araya gelip sizi umutsuzluğa düşürmesin. Sonra da en güzel etiketleri kendinize yapıştırın.

"SEN NE OLURSA OLSUN, BİRİCİKSİN. SEVİLMEYİ, BAŞARILI OLMAYI, DEĞER GÖRMEYİ HAK EDİYORSUN."

Bazen Dönmen Gereken Yollar Olacak

Buraya kadar hep hayallerinize giden yolu bulun ve gidin, dedim. Şimdi bunun tam tersini söyleyeceğim: "Her hayalin sonu aydınlık değildir, gerektiğinde vazgeçmeyi de bileceksin ve hayaline kavuşmak için gittiğin yolları yakmayı da..."

Bir sandalye düşün, bu sandalyeye oturmak için çok çaba verdin. Günlerce, aylarca belki de yıllarca. O kadar emek verip oturduğun sandalyenin bir baktın ki bir çivisi çıkmış. Sen ne zaman otursan o sandalyeye, çıkan çivi bir yerine batıyor, kıyafetini yırtıyor. Sen ısrarla bu çiviyi çakıyorsun ama o çivi ısrarla geri çıkıyor. Canın acıyor ama bir türlü vazgeçemiyorsun. "Çünkü çok emek verdim. Başka bir sandalyeye oturursam belki de onun ayağı kırılacak. Bu sandalyeyi biliyorum. En azından bunun sadece çivisi çıkmış, o batıyor; başka zararı yok." diyorsun ve o sandalyeden bir türlü vazgeçemiyorsun. Zamanla o çivi, her yerini yara bere içinde bırakıyor. Bir gün artık bu acıya dayanamıyorsun ve sandalyeden vazgeçiyorsun. Sonra bir bakıyorsun ki artık senin için yeni bir sandalyeye oturmak bir anlam ifade etmiyor ya da başka bir sandalye alternatifin kalmamış. Çok geç kalmış oluyorsun.

İşte bu sandalye bazen bir eşi, bazen bir dostluğu, bazen de bir işi temsil ediyor. Çok büyük hayaller ile evleniyoruz. Evlenirken gördüğümüz her kusuru o çiviyi çakar gibi geri yerine çakıyoruz, bir daha çıkmaz sanıyoruz. Bir iş yapmaya karar veriyoruz. Aslında bu işi yapmamamız için karşımıza bir sürü neden çıkıyor. Biz yine karşımıza çıkan her nedeni geri yerine çakıp bir daha engel oluşturmaz sanıyoruz. Bazen de bizi sürekli sömüren dostumuzdan, akrabamızdan aynı şekilde vazgeçemiyoruz. Bazı yollar gitmek için değil, dönmek içindir. Sırf o sandalyeyi kaybetmemek için kendimizi yıllarca feda ediyoruz.

Zeynep'in sekiz sene süren bir ilişkisi olmuştu. İlişkisi boyunca ihanete uğradı, maddi ve manevi çok kaybı oldu. Yakın arkadaşları, ailesi "Sakın evlenme!" diye yalvarsa da kimseyi dinlemedi. "Başka birini sevemem, başka biri ile olamam, bu kadar emek verdim, emeklerimi çöp mü edeyim?" diyerek evlendi. Emeklerimi çöp etmeyeyim derken kendi hayatını çöp etti. Evlendiği adamdan üç tane çocuğu oldu. Evliliği boyunca eşi, aile sorumluluğunu almadı. Zeynep kendi çabası ve ailesinin desteği ile geçimini sağladı. Bir gün bile eşiyle evlilik yıl dönümünü kutlayamadı, tatil yapamadı. Bir akrabasının düğününe bile birlikte gidemediler. Eşine ne zaman ihtiyacı olsa eşi yoktu, Zeynep'e durmadan ürettiği bahaneleri vardı. Eşi hep başka başka şehirlerdeydi. Hesapta çalışıyordu ama eve bir kuruş para göndermiyordu. Para yollamamak için de kırk tane neden uyduruyordu. Para yollamadığı gibi bir de "Çok zor durumdayım, söz her şeyi düzelteceğim, bana mutlaka para bulmalısın yoksa intihar edeceğim." diyerek durmadan sağdan soldan para buldurup bir de o borçları geri Zeynep'e ödetiyordu. Zeynep'in bütün kazandığı kocasının borçlarına gidiyordu. Zeynep, "Eşimdir, çocuklarımın babasıdır." diye düşünüp yıllarca bu duruma ses çıkarmadan çalıştı, çabaladı. Herkes Zeynep'e "Ayrıl!" diye baskı yaparken Zeynep sürekli eşini savunuyordu. Çünkü başka bir sandalyeye oturma cesareti gösteremiyordu. Burası acı da verse bildiği bir alan olduğu için kendini güvende hissediyordu. Başka bir yol, başka bir hayat olacağına ihtimal bile vermiyordu.

Ve bir gün Zeynep bir mesaj aldı: "Sen ne kadar yüzsüz bir kadınsın. Kocan senden ayrılmak istiyor. Neden onun peşini bırakmıyorsun?" Sonrasında öğrendi ki kocası yıllardır başka başka kadınlarla ve ortada başka başka çocuklar... Yıllarca kendini kör ettiği yalanlar, bir anda Zeynep'in suratına tokat gibi vurdu. Günlerce bu olaya inanmak istemedi. İftira atıyorlar, diyerek eşini kendi içinde aklamaya çalıştı. Oysa eşi kendini aklamak için en ufak bir çaba göstermiyordu. Günün sonunda da "Sen benimle ilgilenmedin. Beni buna sen ittin." diyerek Zeynep'in hayatından çekip gitti. Gittiği günden beri de gelip çocuklarını bir kere bile görmedi. Bir kuruş para yollamadı ve en acısı özür bile dilemedi. Zeynep şu an hayal kırıklıklarını da yanına alıp yoluna devam etmeye çalışıyor. Ömrünün koca yirmi senesi hiç oldu. Zeynep bugün çok pişman, ne yaparsa yapsın giden koca yirmi yıl bir daha geri dönmeyecek. İnsan zamanla her şeyi telafi ediyor, tek bir şey dışında: Zamanın kendisi.

İnsan âşık olunca, yeni bir işe adım atınca, herhangi bir şeyi kafaya koyunca her şey bir anda tozpembe oluyor. Sonra gerçekler ile yüzleşince o tozları halının altına süpürüyor. Bir gün o halı, altına süpürülenleri artık saklayamaz hâle gelince işte o gün en büyük yıkım yaşanıyor.

Kendimizi mutlu, değerli, gelişmiş hissetmediğimiz yerde elimizden geleni yaptığımız hâlde kolumuzu istiyorlarsa kolumuzu kaybetmeden oradan gitmeliyiz ya da peşinden gittiğimiz mevzu neyse o mevzudan vazgeçmeliyiz.

Size kendinizi hiç gibi hissettiren, verdiğiniz emeği görmeyen, size yapacağı en ufak bir fedakârlığı çok gören yerden, kişiden vazgeçmediğiniz her gün kendinizden kaybediyorsunuz. Kendinize olan saygınız, sevginiz, inancınız kayboluyor. İnsanın yakıtı sevgi, saygı ve değerdir. Sadece verip alamıyorsanız bir gün yakıtınız tükeniyor ve sizin; sevmeye, değer görmeye, yeniden başlamaya olan inancınız bitiyor.

Sen bir petrol kuyusu değilsin, sonsuz yakıt rezervlerin yok. Sen bir temizlik şirketi değilsin, esnaf lokantası değilsin, işçi bulma kurumu değilsin, danışmanlık merkezi değilsin! Sen insansın! İnsan olduğunu unutup her şeye yetişmeye çalışırsan günün sonunda insanlığından olursun.

Zeynep ile ara ara sohbet ediyoruz. Ağzından her seferinde kocaman bir "KEŞKE" çıkıyor. İnsan yıllarca kendine yük ettiklerini görünce ne kadar yorulduğunu anlıyor. Zeynep'i her gördüğümde içimden şu cümleler geçiyor: "Elini verdin, kolun istendi. Sevgini verdin, kalbin istendi. Aklını verdin, beynin istendi. Hepsini seve seve çıkardın verdin. Günün sonunda yeniden sevmeye inancını kaybetmiş, gerçekleri anlayamayacak kadar aptal olmuş, elini vermekten kendine el olmuş bir insana döndün."

Ele yâr olacağım diye kendine el olma…

Değerini Bilenin Yanında Kıymetlisin...

Her şeyin bir değeri vardır bu hayatta. Hasta olana sağlık, uykusuz olana yatak, aç olana yemek, tek olana yoldaş, çölde kalana su, borcu olana para çookkkkk değerlidir. Önemli olan, sahip olduklarımızın değerini onun yokluğu ile sınanmadan bilmektir.

Bu hikâyeyi eminim ki daha önce okudunuz ama yine de çok anlamlı olduğu için kitabımda yer vermek istedim.

Vaktiyle bir bilge hoca, yıllarca yanında yetiştirdiği öğrencisinin seviyesini öğrenmek ister. Onun eline çok parlak ve gizemli görüntüye sahip iri bir taş verip "Oğlum, bunu al, önüne gelen esnafa göster, kaç para verdiklerini sor, en son da kuyumcuya göster. Hiç kimseye satmadan sadece fiyatlarını ve ne dediklerini öğren, gel bana bildir." der. Öğrenci elindeki ile çevresindeki esnafı gezmeye başlar.

İlk önce bir bakkal dükkânına girer ve elindekini göstererek "Kaça alırsınız?" diye sorar. Bakkal parlak bir boncuğa benzettiği nesneyi eline alır, evirir çevirir, sonra "Buna bir tek lira veririm. Bizim çocuk oynasın." der.

İkinci olarak bir manifaturacıya gider. O da parlak bir taşa benzettiği nesneye ancak beş lira vermeye razı olur.

Üçüncü defa bir semerciye gider. Semerci nesneye şöyle bir bakar, "Benim semerlere iyi süs olur. Bu 'kaş' dediğimiz süslere, 10 lira veririm." der.

En son bir kuyumcuya gider. Kuyumcu öğrencinin elindekini görünce yerinden fırlar. "Bu kadar değerli bir pırlantayı, mücevheri nereden buldun?" diye hayretle bağırır ve hemen ilâve eder: "Buna kaç lira istiyorsun?"

Öğrenci sorar: "Siz ne veriyorsunuz?" Kuyumcu cevap verir: "Ne istiyorsan veririm."

Öğrenci, "Hayır satamam." diye taşı almak için uzanınca kuyumcu yalvarmaya başlar:

"Ne olur bunu bana satın. Dükkânımı, evimi, hatta arsalarımı vereyim."

Öğrenci emanet olduğunu, satmaya yetkili olmadığını; ancak fiyat öğrenmesini istediklerini anlatıncaya kadar bir hayli dil döker. Mücevheri alıp kuyumcudan çıkan öğrencinin kafası karmakarışıktır. Böylesi karışık düşünceler içinde hocasının yanına döner. Bir tarafta elindeki nesneye yüzünü buruşturarak 1 lira verip onu oyuncak olarak görenler, diğer tarafta da mücevher diye isimlendirip buna sahip olmak için her şeyini vermeye hazır olan ve hatta yalvaran kişiler…

Bilge hocasının yanına dönen öğrenci, büyük bir şaşkınlık içinde başından geçenleri anlatır. Bilge sorar: "Bu karşılaştığın durumları izah edebilir misin?"

Öğrenci, "Çok şaşkınım efendim, ne diyeceğimi bilemiyorum, kafam karmakarışık." diye cevap verir.

Bilge hoca çok kısa cevap verir: "Bir şeyin kıymetini ancak onun değerini bilen anlar ve o, bilenin yanında kıymetlidir."

Hepimizin hayatında bizim varlığımızı, değerimizi bilecek kuyumcular ve bize beş para değer biçecek manifaturacılar mutlaka olacaktır. Önemli olan kuyumcuyu bulup kendi değerimizi hiç etmemektir. Peki kim bu kuyumcu? Ailen mi, eşin mi, çocukların mı, arkadaşların mı? Hiçbiri değil. O kuyumcu sensin. Değerin bilinsin istiyorsan önce sen kendi değerini bileceksin ve kendine değer vereceksin. Önce kendini olduğun gibi sen kabul edeceksin. En güzel sözleri önce sen kendine layık göreceksin. Kendini altın tasa layık göreni kimse çamura atmaya cesaret edemez.

Solmuş bir çiçeği düşünün, onu alıp baş köşeye koyuyor muyuz? Evimizin en güzel yerlerine layık görüyor muyuz? Yoksa bu çiçek solmuş deyip söküp atıyor muyuz? Atıyoruz değil mi? Attığımız çiçeğin yerine de yeni bir çiçek ekiyoruz. Çünkü saksı boş dursun istemiyoruz. İşte siz de kendi kuyumcunuz olmazsanız saksıdaki solmuş çiçeğin gördüğü muameleyi görürsünüz. Belki birkaç kişi sizi canlandırmak için uğraşır, sonra bakar umut yok, sizi söküp atar. Sonra da yerinizi çok hızlı bir şekilde doldururlar.

Hani ben diyorum ya: "Kendinize bakın." Kendine bakmak; iyi uyumak, iyi beslenmek değildir. Temiz kıyafetler giyin. Tırnaklarınızı kesin. Duş alın. Dik durun ve dik oturun. Tebessüm edin. İnsanın fiziksel görüntüsü ruhunun dışarı yansımasıdır. Ne kadar mutlu olmak istiyorsan dış görünüşüne o kadar önem vermelisin. Biri gelip size "Hadi fotoğraf çekelim." dediğinde nasıl cevaplar veriyorsunuz? "Aaaa tabii çekelim, bugün çok güzelim/ kendimi çok karizmatik hissediyorum." ya da diyorsunuz ki: "Bugün hiç iyi değilim, sabah öylece çıktım. Saçım, başım, sakalım darmadağınık; elim, yüzüm, gözüm berbat durumda..." Bakın çektireceğiniz bir fotoğrafa bile dış görüşünüze gösterdiğiniz önem karar veriyor. Dış görüntünüze güvenmiyorsanız iç görüntünüz size şunu söylemiyor: "Sen her hâlinle güzelsin ve mutlusun."

Ama içiniz darmadağınık olsa da dış cepheye önem verdiyseniz dış cephe içeriye şunu söyleyebiliyor: "Merak etme, için darmadağınık olsa da dışarıdan bakınca hiçbir şey belli olmuyor." Siz de o fotoğrafı tereddüt etmeden çektiriyorsunuz.

Omuzları düşmüş, suratsız, bakımsız bir insan dışarıdan bakınca sıvası çatlamış, çatısı düşmüş bir eve benziyor.

İçiniz ne kadar güzel, öz güvenli, başarılı, yetenekli olursa olsun dış cephe bunu desteklemiyorsa kimse sizin içinizi merak etmiyor ve sizi keşfetmeye çalışıp size bir şans vermiyor. Bir ev kiralarken önce dış cepheye bakarız. Dış cephe hoşumuza giderse evin içini gezeriz.

Kendimize verdiğimiz değer çok önemli ama bir bu kadar önemli olan da; bize değer katacak insanlar ile bir arada olmaktır. Daha birkaç gün önce doktor randevum olduğu için Nişantaşı'na gittim. Çoğunuz Nişantaşı'nı biliyordur. Lüks alışveriş mağazalarının, restoranların bulunduğu ve genelde para hesabı yapmak zorunda kalmayan insanların yaşadığı bir semt. Sokakta yürürken oralardaki işportacılar çok dikkatimi çekti. Neden mi? Çünkü takım elbiseli ve tertemiz giyimliydiler. Hayatımda ilk defa takım elbiseli işportacı gördüm. Yanımdaki arkadaşıma dedim ki: "Yaptığı işe ne kadar değer veriyor. Sırf bu sebepten ondan küpe alacağım." Kim bilir benim gibi düşünen kaç kişi o işportacıdan alışveriş yapmıştır.

Şimdi çevrenizdeki insanların hayata bakış açılarını, gelişime ne kadar açık olduklarını, aranızda geçen muhabbetleri, hayattan beklentilerini, yaşam tarzlarını düşünmenizi istiyorum. Etrafımızdaki insanların duruşu, beklentileri, sohbeti bize yepyeni bir ufuk açabilir ya da ufkumuzu kapatabilir. Yani bizi olduğumuz yerden alıp bambaşka bir yere taşıyabilir. Bakın, çevredeki algı; bir işportacıya takım elbise giyme gereksinimi hissettirmiş. Oysa bir işportacının takım elbise giymesine gerek var mı? Normalde bir gömlek, tişört, pantolon yeter değil mi? Mesela herhangi bir mağazada çalışan insanlar günlük giyinir ama lüks bir mağazada çalışan insanlar giydiklerine önem verir. Çünkü etiketi yüksek olan ürünleri satmak için şık ve temiz giyinmek zorundasın. Yani içinde bulunduğunuz ortam size bir ortalama katıyor. Boşuna demiyorlar değil mi: "Herkes çevresinde en sık görüştüğü üç kişinin ortalamasıdır." diye. Çevrenizdeki insanlar nasıl insanlarsa siz o ortalamayı yakalamaya çalışıyorsunuz.

"Ben kendime çok değer veriyorum ama kimse anlamıyor." diye düşünüyorsan demek ki sen de doğru yerde ve insanlarla birlikte değilsin. Altın, çamura düştü diye değerinden bir şey kaybetmez. Ama sen düştüğün çamurda kalmak için ısrarcı davranırsan değerin de kimse tarafından anlaşılmaz. Hatta kuyumcular tarafından bile. Çünkü bulaştığın çamur bütün ışıltını almıştır…

Kendinize bakın, içinde kendinizi iyi hissettiğiniz kıyafetler giyin, saçınızı tarayın, bir koku sürün derken size bunların en markalısını alarak yapın, demiyorum. Sakın bahaneniz şu olmasın: "Hocam yeri geliyor karnımızı zor doyuruyoruz. Bunları nasıl yapacağız?"

İnsanların yaptığı en büyük hata nedir biliyor musunuz? Eski, yırtılmış, çamaşır suyu lekesi olmuş, giyilmeyecek duruma gelen kıyafetlerini evde giymek için saklıyorlar.

Sonra eski, yırtık, kıyafetlerin içinde eşi ya da sevdikleri onu beğensin istiyorlar. Elini-yüzünü yıkamaktan, dişini fırçalamaktan, yıkanmaktan, tıraş olmaktan, ayakkabısının kirini silmekten, üstünü başını değiştirmekten âciz ya da yılgın bir sürü insan var. Temiz bir kıyafet giymek, dişinizi fırçalamak ya da ayakkabınızı silmek için paraya ihtiyacınız yok. Bunları yapmak için ihtiyacınız olan tek şey kendinize ve çevrenize olan saygınızdır.

Yani kısaca dostum anlatmak istediğim şu: Sen önce kendine kuyumcu olacaksın. Kendi değerini önce kendin bileceksin. Sonra da sana değer katan insanlar ile yoluna devam edeceksin.

Kendi Kendine Yetebilmek

Mücadele ruhu olan insanları seviyorum ve mücadele ruhlu çocuklar yetiştirmeye çalışıyorum. Çünkü hayat annemizin koynu, babamızın gölgesi değil ki... Hayat çocuklarıma her şeyi gümüş tepside sunmayacak. Terk edilecekler, ihanete uğrayacaklar, en güvendikleri kandıracak onları, canını vereceği kadar sevdikleri, bir gün yabancı olacak. Bir iş yapacaklar, para kaybedecekler; belki hastalıkla, ölümle sınanacaklar. Düştükleri yerlerde benim desteğimi aramadan düştükleri gibi kalkmayı bilsinler istiyorum. Bir gün düşerlerse kimse el uzatsın diye beklemeden kendi ellerini kendileri tutmayı bilsinler istiyorum. Gözyaşlarını silsinler. Geldikleri ve vardıkları yolu beğenmiyorlarsa kendilerine yeni bir yol çizsinler. O yüzden sen bir anne ve babaysan sana şunu söylemek istiyorum: "Çocukları koynunuzda ve gölgenizde 'aman sen dur ben yaparım' diyerek büyütmeyin. Büyütmeyin ki bir gün başarılı bir evliliği, işi ve en önemlisi hayatı olsun."

Şimdi kendinizi düşünün. Siz nasıl büyüdünüz? Kendi ayaklarınız üzerinde durmanız gerektiği öğretilerek mi yoksa anneciğinizin sıcacık koynunda mı? Bir zorluk ile karşı karşıya kalınca aklınıza ilk kim geliyor? "Ben bu işi hallederim." mi diyorsunuz yoksa "Sen bu işi hallet." mi diyorsunuz? Bazen sorunu hep başkasında ararız. Bencil olan onlar, deriz. Belki de en büyük bencillikleri insanlara biz yapıyoruzdur. İnsanların bir kısmında hep şu cümleyi duyuyorum: "Ben neden yapacağım, o yapsın. Ben neden söyleyeceğim, o söylesin. Ben neden gidiyorum, o gelsin." Kendinizi sürekli bunları söylerken buluyorsanız muhtemelen siz de annenizin koynunda, babanızın gölgesinde büyümüş bir insansınız. Ya da bu hayatta birçok şeye istemeden sahip olmuşsunuz. Bir ihtimal de şu olabilir: O kadar ihmal edildiniz ki kimse için en ufak bir fedakârlık yapmak istemiyorsunuz. Aileniz size hiç sorumluluk vermemiş olabilir, her şeyi sizin adınıza onlar yüklenmiş olabilir. Siz bu konfora o kadar alışmışsınızdır ki sizin göreviniz olan şeyleri başkası yapmayınca öfkeleniyorsunuzdur. İşte bu durumlar yeni rotalar oluşturmanıza hep engel olur. Çünkü sizin rota çizmenize hiç izin verilmemiştir ya da çizdiğiniz rotalarla hiç ilgilenilmemiştir. Yani aileniz tarafından ya işgal edilmişsinizdir ya da ihmal. O yüzden kendi içinizdeki dengeyi bulmakta hep zorlanırsınız.

Bu durumu kabullenmek senin için zor olabilir ama kabullenmek zorundasın. Kimse senin hayatının eksik kalan yapboz parçası değil ki durmadan seni tamamlamaya çalışsın ya da seni görmezden gelen, bugün hayatına giren insanlar değil ki onlardan intikam alasın. Bazen ilk adımı atan sen olacaksın. Duymasan da güzel sözler söyleyen yine ilk sen olacaksın. Bazen isteklerin duyulmayacak ama istemekten vazgeçmeyeceksin. Yani karnının doyması için çaba verip kendi yemeğini pişireceksin. Birinin önüne hazır getirmesini beklemeyeceksin. Yemek yediğin tabağı toplayacaksın. Gerektiğinde özür dileyeceksin. Gönül almayı bileceksin. Çıkardığını ve dağıttığını toplayacaksın. Çamaşırın yıkansın, ütün yapılsın diye beklemeyeceksin. Yani sen yarım bırakılmış olsan bile kendi kendine yetebilen bir insan olacaksın. Yoksa çizdiğin rota hep yarım kalır.

Hayattaki başarı böyle küçük ayrıntılarda saklı. Etrafımda başarılı ve mutlu olan insanlara bakıyorum. Çoğu kendi kendine yetebilen, kimseden hizmet beklemeyen; eleştirirken cimri, överken bonkör davranan; az konuşan, çok dinleyen; duyduğu her yeni bilgiye önem veren insanlar. Kimsenin motivasyonuna ihtiyaç duymuyorlar. Kendi kendilerini hep destekliyorlar.

Başarısız ve mutsuz insanlara bakıyorum onlar da hep bağımlı karakterler. Bir işe başlamak için hep birinin el vermesini ya da birinin onun yerine yapmasını bekliyorlar. Bu insanların motivasyonları: Birilerinin onu alkışlaması, aferin demesi, yol göstermesi, para kazanması… Alkış, destek ve takdir kesilince başarı ve mutsuzluk da hemen geri geliyor.

İnsanın en güzel motivasyon kaynağı, kendine olan inancıdır. Ben bunu deneyimlemiş biri olarak şundan çok eminim: BAŞARMAK İSTİYORSAN BAŞARIYORSUN…

Zirve Seni Durdurmasın!

Vakti saatinde zirvede olan bir ablamız vardı. Konserden konsere gidiyordu. Yolda onunla yürüyemiyorduk bile. Mutlaka biri durdurur, fotoğraf çektirmek isterdi. O zaman demiştim ki ona: "Bak şu an zirvedesin. Zirvedeyim diye düşünüp sakın rehavete kapılma. Yeni projelere imza at. Sakın tekrara düşme. İnsanlar seni her geçen yıl yeni bir sen olarak tanısın. Bak arkandan yetişip gelenler var. Eğer sen kendini yenilemezsen unutulursun." Ben böyle konuşurken bana bıyık altından gülerdi. "Aman Dilek, ne gerek var. Zaten yeterince tanınıyorum. Tanınmayanlar uğraşsın." demişti.

Aradan yıllar geçti, o ablamız artık hiç iş alamıyor. Şu an evinde, bir düğün çıksa da gidip rızkımızı kazansak diye bakıyor. Yani zirvedeyken rotasını doğru belirleyemediği için şu an rotasını kaybetmiş durumda. Bu kadar zirvedeyken de bir anda yere çakılmış olması arkasından ciddi bir buhran getirdi. Umudunu, hayallerini kaybetti. Yeniden başlamak da hiç istemedi. Olduğu yerde sadece sayıyor.

İnsan rehavete zirvedeyken çok çabuk kapılıyor. Sanıyor ki bu devran hep böyle dönecek. Kendini, işini, hayallerini, hedeflerini yenilemeyi bırakıyor. Hep aynı yerde aynı düşüncedeyseniz eğer, bunun da bir gün modası değişiyor.

Kendimi düşünüyorum; bundan beş yıl önceki Dilek ile bugünkü Dilek asla aynı kişi değil. Bugün gittiğim her salonda büyük bir ilgi görüyorum. Sayfamda milyonlarca insan var ama ben asla ne kendimi güncellemekten vazgeçiyorum ne de bulunduğum yeri. Bir şey bilmiyormuş gibi durmadan eğitimler alıyorum. Kimse beni tanımıyormuş gibi kendimi tanıtmaya ve anlatmaya çalışıyorum. Çünkü biliyorum ki benim de arkamdan yetişip gelenler var. Yetmiş yaşıma da gelsem istiyorum ki o dönemin gençlerinin dilinden, isteklerinden, beklentilerinden anlayabileyim. Arkamdan yetişip gelenler ile aynı pencereden bakabileyim.

Bugün ne yapıyorsan yap, en iyisini yap. Bir kuyu kazıyorsan en iyi kuyuyu sen kaz ve en iyi kuyu kazan kişi olarak anıl. Bugün bir cerrahsan işini en iyi şekilde yap ve en iyi cerrah olarak sen anıl. Bugün bir avukatsan, temizlik görevlisiysen, bir öğretmen ya da her neysen olduğun şeyin en iyisi ol ve en iyi kişi olarak anıl. Ve bir dağın zirvesindeysen bir sonraki hayalin diğer dağın zirvesine ulaşmak olsun.

Eski Köye Yeni Âdet Getirin

Rusya ile Amerika yıllardır soğuk savaş hâlindedir. "Her şeyin en iyisini ben bilirim, ben yaparım." diye diye birbirlerine üstünlüklerini hep kanıtlamaya çalışmışlardır. Veee Rusya bu soğuk savaşta, uzaya ilk kez insan göndererek önemli bir üstünlük göstermiş olur. 12 Nisan 1961'de Yuri Gagarin, dünya çevresinde bir tur atan ve uzaya çıkan ilk insan olur. Amerika bunun altında kalır mı? 1967 yılında NASA ön hazırlıklarını tamamlayarak aya yolculuk hedefiyle Apollo programına başlar. Tabii bu arada Amerika'nın kafasında deli sorular vardır. "Bu kadar üstün zekâlı, yetenekli ve ülkenin en iyi mühendisleri bizlerle çalışırken nasıl olur da uzaya ilk insanı Rusya gönderir? Bizde eksik olan ne?" diye düşünürlerken yetkililer, bilim ve mühendisliğin en karmaşık sorunları üzerinde çalışacak, içlerindeki en iyi bilim insanlarını ve mühendislerini seçmek için Prof. George Land'den yardım ister. Prof. Land şöyle düşünmüş olacak ki "Bugün fark yaratmış insanlar her zaman farklı düşünen insanlardır." NASA içinde çalışan insanlara bir yaratıcılık testi yapmaya karar verir. NASA, bu testin sonucuna göre çalışanlarına hassas olduğu konulara göre pozisyon vermeyi planlamıştır. Bu inanç sistemi ile yaratıcı düşünmenin ön şartı olarak görülen ıraksak (aykırı) düşünmeyi ölçmek için bir test hazırlar.

Iraksak düşünce nedir? Aslında kısaca farklı ve çok boyutlu düşünebilmektir. Mesela, "Bir elimde kaç parmak var?" sorusunun cevabı bellidir. "Bir elde beş varmak var." Bu soru cevabı belli olduğu için yakınsak bir cevaptır. Ama soru şu şekilde sorulsaydı: "Bir elde iki parmak olsaydı ne olurdu?" Bu sorunun cevabı yoruma, farklı düşünmeye ve yaratıcılığa bağlı olduğu için bu soru ıraksak bir sorudur. Sistem bizi hep yakınsak düşünmeye itti. Bilgi verildi ve verilen bilginin ezberlenmesi istendi. Farklı düşünme becerilerimizin gelişmesi için ortam hazırlanmadı.

Iraksak düşünce bugün birçok icadın ortaya çıkmasını sağlamıştır. Mesela; kışlık botlardaki kaymayan tabanlar, dağ keçilerinin toynaklarının dik bayırlarda kolayca çıkabilmesinden esinlenerek yapılmıştır. İlk uçaklar yapılırken mühendisler havadaki akımların neden olduğu titreşimlerin uçağa zarar vermemesi için uçak kanatlarının uçlarını ağırlaştırmışlardı. Yusufçuğun kanatlarındaki hücreler de yoğunlaşarak aynı sistemi görüyor. Bonn Üniversitesinden Dr. Wilhelm Barthlott, mikroskop altında yaptığı incelemelerde, en az temizlik gerektiren yaprakların en pürüzlü yüzeylere sahip olduğunu fark etmiştir. Dr. Barthlott, bunların en temizi olan Lotus bitkisi üzerinde, bir çivi yatağı gibi minik noktalar olduğunu buldu. Bir toz ya da kir zerresi yaprak üzerine düştüğünde, belli belirsiz biçimde bu noktalar üzerinde iki yana sallanır. Bir damla su, bu minik noktalar üzerinde yuvarlanınca zayıf şekilde tutunmuş olan kiri alıp götürür. Bitki, kendi kendini temizleyen bir yaprağa sahiptir. Bitkinin bu özelliği araştırmacılara ilham kaynağı olmuş ve *Lotusan* adında, beş yıl kendisini temiz tutacağı garantisi verilen dış cephe malzemesi üretilmiştir. Bunun gibi size daha birçok örnek verebilirim.

Dr. Land ve ekibi tarafından hazırlanan test NASA çalışanlarına ve yeni işe alınacak olanlara uygulanır ve herkesin yaratıcılığının kuvvetli olduğu alanlara göre yeniden bir yapılanma sağlanır. Biliyor musunuz, NASA'yı NASA yapan gelişmeler bundan sonra yaşanmaya başlar. NASA o günden sonra önemli işlere imza atar.

Prof. Land ve ekibi bu testi NASA için uyguladıktan sonra sorgulamaya devam eder, "Acaba yaratıcılık doğuştan mı gelir, sonradan mı kazanılır?" Ekip bu testi çocuklar üzerinde uygulamaya karar verir. Yaşları 3-5 arasında 1600 çocuk teste tabi tutulur. Sonuç en iyimserleri bile şaşkına çevirir. Çocukların %98'i, yaratıcılık veya hayal kurma kabiliyeti açısından "dâhi" sınıfına girer. Ekip sabırsızlıkla beş yıl bekler ve aynı çocuklar tekrar teste sokulur. 8-10 yaş arası çocuklarda "dâhi"ler %30'a gerilemiştir. 1978'de aynı çocukların (13-15 yaş) sadece %12'si "dâhi" grubundadır artık. Çalışma o grup üzerinde sonlandırılır, ancak o tarihten bu yana 25 yaş üstü bir milyondan fazla yetişkin bu testten geçer. Nüfusun sadece %2'si yaratıcılık konusunda "dâhi" özelliğini korumaktadır. Peki 3 yaş civarındayken dâhi düzeyde yaratıcı olan insanlar nasıl olur da 25 yaşına geldiğinde yaratıcılığını kaybeder? Yaratıcılık biz beden olarak büyüdükçe küçülüyor mu? Oysa büyüdükçe daha çok şey öğrenmedik mi? Bu yeni öğrendiğimiz bilgiler ile daha yaratıcı olmamız gerekmiyor mu?

Kim Suçlu?

"Kim yedi bitirdi bizim yaratıcılığımızı, çabuk ortaya çıksın!" dediğimde aklıma ilk önce anne ve babalar geliyor. Çocukken köye gittiğimizde kuzenimle bahçenin her yerini köstebek bulmak için kazardık. Bir gün dayım bahçenin her yerinde küçük küçük çukurlar görünce "Kim buraları kazdı?" diye sordu. Biz de dayımın kızı ile heyecanla "Biz kazdık, köstebek arıyoruz." dedik. Dayımın elimizdeki keseri alıp "Ne arasın burada köstebek, bir daha buraları kazdığınızı görmeyeceğim." demesi ile kazı çalışmamızı orada bitirmiştik. Kuzenim ile birbirimize bakıp "Köstebek burada yokmuş." derken yaşadığımız hayal kırıklığını hiç unutmuyorum. Keşke bize "Köstebek ön bahçede yok, arka bahçede arayın." diyebilme tecrübesine sahip olsaymış. Çünkü ön bahçeyi kazdığımız için kızmıştı. Bizi arka bahçeye yönlendirseydi hem o rahatsız olmayacaktı hem de bizim hayal gücümüz baltalanmamış olacaktı. Anne ve babalar, çocukları ne zaman "Bir deney yapacağım." diyerek mutfağa girse "Batırma ortalığı!", farklı bir fikirle ortaya çıksa "İcat çıkarma, otur oturduğun yerde, bu ne saçma fikir!" diyerek, enteresan sorular soran çocuklarını geçiştirerek, çocuğun yapması gereken her şeyi kendisi yaparak çocuklarının yaratıcılıklarını köreltiyor.

Sonra çocuğun okula başlaması ile yaratıcılık tamamen bitiyor. İlkokul çağınızı hatırlasanıza! Hepimiz neredeyse aynı resmi çizerdik. Bir ev, evin arkasında dağ, tepede bir güneş, dağların içinden çıkan su yatağı, bir köpek ya da kedi, elma ağacı... Ağacı bile hepimiz elma ağacı olarak çizdik. Birimiz de çıkıp "Benim ağacım ıspanak ağacı." diyemedi. Neden? Çünkü ıspanak toprakta yetişiyor, sen onu ağaçta çizemezsin. Sistem bizi yaratıcılığımızı öldürmeye zorladı. Çünkü önemli olan yaratıcılıktaki başarın değil: Türkçe, matematik, sosyal bilgiler dersindeki başarındı...

Ya da bir şeyi başarabileceğimize inanmadılar. Lisedeyken çok güzel resim yapan bir arkadaşımız vardı. Öğretmenimiz bir gün hepimize yarısı olmayan resimler dağıttı ve bu resimleri istediğimiz yöntemle tamamlamamızı istedi. Bir sonraki hafta resimleri teslim ederken aramızda en güzel resmi yapan arkadaşımız sıfır aldı. Neden mi? Çünkü öğretmenimiz resmi arkadaşımızın yaptığına inanmadı. Oysaki büyük bir heves ve itina ile tamamlamıştı arkadaşımız. "Ben size bu zamana kadar böyle bir yöntem göstermedim. Benim göstermediğim bir yöntem ile nasıl bu resmi tamamlayabildin? Senin yapmadığın apaçık ortada." dedi. Yeteneği ve ilgisi olabileceğine hiç ihtimal vermedi.

Sonra yetişkin olduk. Yetişkin olduğumuz hâlde her şeye rağmen yaratıcılığımız hâlâ devam ettiyse ve hâlâ farklı düşünmeyi başardıysak işte o zaman da yaratıcılığımıza son kurşunu toplum sıktı. Çünkü sen toplumdaki diğer insanlar gibi düşünmüyorsan ötekileştirmeye mahkûmsun.

Bakın bugün birçok terzi var ama farklı düşünenler kendi markasını oluşturdu. Birçok restoran var ama farklı düşünenler dünya çapında zincirler kurdu. Birçok müzik grubu içinde farklı düşünenler dikkat çekti. Farklı stratejiler, kazanılmaz denilen savaşların kazanılmasını sağladı. "Ben bu saatten sonra bu işi nasıl yapayım, bu işi çok iyi yapan onlarca insan varken ben nasıl kendimi ispatlayayım?" diye asla düşünmeyin. Hatırlayın, Lao Tzu ne demişti: "*Karar aklın durma hâlidir.*" Karamsarlık da yaratıcılığın durma hâli olur. Başarılı olmak için ihtiyacınız olan, farklı düşünmek. Benim hikâyemi hatırlayın, editör bana ne demişti: "Bu kadar bilinen yazar içinde senin kitabın satmaz." Şu an o kadar bilinen yazar içinde ben de kitabı en çok satan yazarlardan oldum. Çünkü yazdıklarım, düşündüklerim, izlediğim yollar onlardan farklıydı. Tabii aynı zamanda istek ve inanç da olmalı. Başarılı olacağınıza inanmanız çok önemli. Ben bir gün mutlaka olacak diye inanarak farkımı ortaya koymaktan asla geri durmadım.

Tabii sadece iş olarak düşünmeyin. Hayatınızın her noktasında farklı düşünebiliyorsanız diğer insanlara göre daha başarılı ve mutlu olacağınız yüksek ihtimaldir. Herkes gibi evliliğiniz, tatil anlayışınız, günü yaşama şekliniz, olaylara bakış açınız olmasın. Ötekileştirilsen de, ayağına çelme de taksalar siz ne olursa olsun eski köye yeni adet getirmekten asla vazgeçmeyin...

Körler Ülkesinde Görmek Hastalık Sayılır

Dere tepe, dağ, ova dolaşmasını seven tek gözlü bir adam varmış. Yürür yürür gidermiş, gider gider yürürmüş. Bir gün uzaklarda renkleri karmakarışık bir köy görmüş; alacalı bulacalı garip bir köy. Yaklaşmış köye doğru. Yolları bir tuhaf, evleri bir tuhaf, insanları bir tuhafmış köyün... Girince köyün içine anlamış meseleyi. Körler köyüymüş burası. Kadınların, erkeklerin, çocukların, velhasıl herkesin sımsıkı kapalıymış gözleri... Gezginci adam karar vermiş burada yaşamaya: Hiç değilse benim bir gözüm var, diyormuş. Körler ülkesinde şaşılar kral olur, derler. Ben de bunların başına geçer yaşarım. Körlerin gözleri yokmuş ama elleri, kulakları, burunları çok hassasmış. Kendilerine göre kurdukları bir düzen içinde yuvarlanıp gidiyorlarmış. Adam şaşkın hâllerine bakıyormuş onların. Yürümeleri, konuşmaları doğrusu başka türlüymüş. Bir gün körlerden biri öteki körün malını aşırmış. Sadece tek gözlü adam görmüş bunu. Bağırarak ilan etmiş:

"Filanca malını çaldı falancanın!"

Körler, "Nereden biliyorsun? O kadar uzaktan duyulmaz ki!" demişler.

"Ben duymadım, gördüm. Gözüm var benim. Görüyorum."

Körler göz diye, görmek diye bir şey bilmiyorlarmış. Uzun yıllar içinde çoktan unutmuşlar bu hissi.

"Ne demek görmek, demişler, nasıl görüyorsun yani, duyulmayacak mesafeden anlıyor musun ne olup bittiğini?"

"Anlıyorum tabii..."

"İnanmayız, imtihan edeceğiz seni..."

Adamı almışlar, uzakça bir yere dikmişler. Tecrübeleriyle biliyorlarmış o uzaklıktan hiçbir şeyin işitilmeyeceğini.

"Anlat bakalım, şimdi biz ne yapıyoruz?"

Adam anlatmış:

"Oturuyorsunuz, konuşuyorsunuz, şu ayağa kalktı, bu elini oynattı, beriki bacağını sallıyor..." vs.

Derken körler bir evin içine girmişler, bağırmışlar:

"Anlatsana..."

"İçeri girdiniz, göremiyorum ki..."

Körler bilmedikleri için içeri girmenin ne olduğunu, "Ne olmuş yani içeri girmişsek. Elli santim fark etti, anlat anlat..." demişler.

"Arada duvar var, sizi görmüyorum."

Körler, "Sen atıyorsun." demişler. "Demin tesadüf etti. Bak, şimdi bilemiyorsun."

"Çıkın dışarı, söyleyeyim."

"Bu kadar uzaktan duyunca ha içerisi, ha dışarısı, ne çıkar yani?.."

"Ben duymuyorum, ben görüyorum." diyormuş adam.

"Öyle şey olmaz." demişler. "Sende bir bozukluk var. Saçmalıyorsun, acayip şeyler söylüyorsun. Hekime muayene ettireceğiz seni... Adamı yaka paça köyün hekimine götürmüşler. Hekim de kör tabii... Elleriyle yoklamaya başlamış adamı.

Yoklamış ve parmaklarını adamın yüzünde gezdirirken bir şey fark etmiş:

"Buldum," demiş. "Bozukluk burada..."

Adamın açık olan gözünü kastediyormuş hekim:

"Saçmalaması bundan dolayı. Ben şimdi hallederim, düzeltirim onu..."

Körler ülkesine kral olmaya kalkan gezginci zor bela kurtarmış kendini oradan.

Körler görenleri anlayamazlar. Saçmalıyor sanırlar ve onu da düzeltip kendilerine benzetmek için gözlerini çıkarmaya uğraşırlar.

Yani kendini sana benzetmeye çalışan körlerden yakanı paçanı kurtarmayı başarırsan sen de bugün kendin için en güzel rotaları oluşturan insanlardan olacaksın. Hani kitabın başında demiştim ya: "Yürüdüğüm yollar çiçekler ile süslü değildi, oraya o çiçekleri ben ektim." diye...

M. Kemal Atatürk, M. Akif Ersoy, Sabahattin Ali, Picasso, Salvador Dali gibi insanların da yürüdüğü yollar çiçekler ile dolu değildi, onlar da yürüdüğü yollara kokladığı çiçekleri kendileri ektiler. Yuri Gagarin İkinci Dünya Savaşı'nı görmüş. Ailesi Almanlar tarafından vurulmuş. İki kardeşi esir alınmış ama Yuri Gagarin uzaya gitme hayalini yine de kurmuş. Yaşadığı her zorluğa rağmen bu hayalinden vazgeçmemiş. Ve bugün uzaya giden ilk insan olarak tarihe adını yazdırdı.

Yani demem o ki: Bugün ne yapmak istiyorsan önce çocukluğuna dön. Oklavayı at gibi kullandığın, poşetleri birbirine bağlayıp top ya da seccadeden bebek yaptığın, özgürce ağaçlara tırmandığın, sokakta oynadığın, betona çimenden dikdörtgen çizip dokuz taş oynadığın o günlere dön. O çocuk şu an senin hayal ettiklerini hayal etseydi neler yapardı? Eminim önce eline bir kâğıt alıp hayalinin resmini çizerdi. Bir kumaş, iğne iplik ile hayal ettiklerinin oyuncağını dikerdi ya da bir çamur yapar o çamurla hayal ettiklerine bir gövde verirdi. Mahalledeki arkadaşlarını çağırır kafasındaki bütün planları anlatırdı. Onlarla paylaşmaktan, onları bu hayale ortak etmekten hiç tereddüt etmezdi. Birlikte oturur, kafa yorar, bu projeyi daha da geliştirirlerdi. Gece olunca yıldızları seyrederek beş yıl, on yıl sonrasında nerede olduklarını hayal ederlerdi ve konuştukları ne varsa hepsine inanırlardı. Çocukluğunu hatırla; hırslarının, kaygılarının, telaşlarının olmadığı o günleri hatırla ve oradaki niyetinle, fikrinle yeni bir yola başla…

Şunu da Söylemeden Geçemeyeceğim

Ben bugün okul sistemini baştan kurabilsem beden eğitimi, müzik, resim, el sanatları gibi derslerin okullarda daha sistemli işlenmesine daha çok önem verirdim. Günlük yaşam becerileri, zarafet ve diksiyon, ahlak gelişimi, mutfak ve ev yönetimi, farklı düşünme becerileri, anı yaşamak gibi dersleri müfredata alırdım. Okullarda bu derslerin işleneceği atölyeler açardım.

Bizim zamanımızda ve şimdiki zamanda da hâlâ resim, müzik, beden eğitimi gibi dersler önemsiz görülen dersler. Bu derslere önem verilmesi gerektiğini düşünmemin nedeni bütün çocukları ressam, müzisyen, vs. yapma çabam değil tabii ki... Buradaki amacım; yetenekli çocukları keşfetmek ve her çocuğun ruhuna sanatı, sporu işlemek. Müzik ile ilgilenen bir mühendis, resim yapan bir doktor, dans eden bir teknisyen, futbol oynayan bir öğretmen, tenis oynayan bir ev hanımı hayal edince dünya bir anda gözümde daha da güzelleşiyor. Sanatla, sporla ilgilenen bir insan emin olun çok daha sakin ve kaliteli bir hayat yaşıyor.

Toplum adına kendi kendine yetebilen bireyler yetiştirmek ne kadar kıymetliyse insanların yetenekleri doğrultusunda kendini keşfedebilecekleri alanlara sahip olması da o kadar önemlidir. Herkes yeteneği doğrultusunda iş yapmayacak belki ama kendini huzurlu hissettiği bir alanı deneyimlemiş olacak. Benim iki oğlum da yıllardır spor yapıyor. Hele küçük oğlum futbol oynamaya bayılıyor. En büyük hayali futbolcu olmak ve bu konuda çok yetenekli. Okula gitmek için kırk tane naz yapar ama futbola gitmek için can atar. Biz de haftanın dört günü usanmadan oğlumu futbola götürüyoruz. Bir gün futbolcu olur, olmaz onu bilmiyorum. Ama futbol oynamak ona bir vizyon katacak onu çok iyi biliyorum. Çünkü futbol oynarken ekip ruhunu tanıyor. Bazen yeniliyorlar, yenilmenin verdiği üzüntü ile mücadele etmeyi öğreniyor. Kazandıkları zaman, başarma duygusunu yaşıyor. Bir sporcu olduğu için beslenmesine, uykusuna dikkat ediyor. Yani aslında duygusal zekâsı (EQ) yükseliyor.

Size işte bu yüzden diyorum. Bir şey ile uğraşın. Bir kursa gidin, farklı bir dili öğrenin. Kim olduğunuz, ne iş yaptığınız önemli değil ama hayatınıza farklı bir şey katın.

Keşke herkesin yetenekli ve mutlu olduğu işi yapabilme imkânı olsa. Bence okula başlayan her çocuğa yetenek testi yapılmalı ve bu testlerin sonucuna göre okullarda çocukların kendilerini geliştirebilecekleri atölyeler açılmalıdır. Şu an ne kadar değerli ses sanatçıları mühendis, ressamlar doktor, aşçılar öğretmen olmak zorunda kaldı. Hepsi işini yapıyor ama ıraksak düşünceden uzak olarak yapıyor. Yani işini yapıyor ve çıkıyor. Geliştiremiyor, mutlu olamıyor, işe giderken ayakları geri geri gidiyor. İnsan mutlu olduğu bir işi yaptığında mesaim ne zaman bitecek diye bakmıyor. Her gün severek yaptığı işin üzerine güzel bir şey katıyor. Üretmekten asla vazgeçmiyor. Şu an bu söylediklerim hayal gibi duruyor ama her gerçek, bir hayalin sonucu değil mi? Belki bu hayal de bir gün gerçek olur.

Bu hayalin bir parçası sen olabilirsin. Kendin için geç kaldığını düşünsen bile çocuğun için geç kalmadın. Bugün çocuklarınıza yapacağınız en büyük iyilik onların yeteneklerini fark edip sisteme köle etmemektir.

Bakış Açını Değiştir!

Bir insana dersin ki: "Kaşın, gözün, ağzın, burnun, kulakların; endamın, duruşun, gülüşün çok güzel ama burnun eğri." O insan o dakikadan sonra hep burnunun eğriliğine bakar. Başkalarına: "Burnum eğri mi?" diye sorar. Aynaya her baktığında burnunun eğriliğini görür. Oysa o kadar güzel söz söylenmiştir; kaşı, gözü, endamı övülmüştür ama o insan söylenen güzellikleri değil de eğriliği görür. Sonra o eğriliği düzeltmek için arayış içine girer. Doktora gider, estetik olmak ister ve olur da... Ama biri yine çıkar ona "Burnun hâlâ eğri." der. O insan yine burnuna takılır ve bütün bir ömrü o burnu düzeltmeye çalışmakla geçer.

Bazen hayatı tam olarak böyle yaşıyoruz. Bir kusur ya da bir yanlış oluyor hayatımızda, bütün bir ömrü o kusuru düzeltmekle geçiriyoruz. Oysa hayatımızda güzel olan o kadar çok şey var ki... Kusurumuzu görmekten güzelliklerimizi göremiyoruz.

Belki bir kayıp yaşıyorsun ama yanında hâlâ mutlu olacağın insanlar var, onları göremiyorsun.

Bir yerde hata yapıyorsun oysa o zamana kadar yaptığın bir sürü doğru var, doğrularını göremiyorsun.

Biri seni sevmiyor, sana kendini değersiz hissettiriyor oysa seni seven bir sürü insan var, onları göremiyorsun.

Bir yerde üzülüyorsun oysa seni mutlu edecek bir sürü sebeplerin var, o sebepleri göremiyorsun.

İnsan bir kere güzelliklere kör oldu mu güneşin ona faydası olmuyor. Oysa yaşamaya, sevmeye, mutlu olmaya, yeniden başlamaya değer ne çok şey var hayatta. Sen yeter ki görmek iste…

Kendine Haksızlık Etme!

Huzur	Öfke	Sevgi	Nefret	Umut
Stres	Heyecan	Tiksinti	Fedâkar	Aşk
Sitem	İhanet	Zayıf	Güçlü	Güvenilir
Güvensiz	Arkadaş	Düşman	Dost	Sohbet
Eğlence	İyi Vakit	Zor Zaman	Huzursuz	Hastalık
Taciz	Suistimal	Feda	Pasif	

Sürekli görüştüğün ya da görüşmek zorunda olduğun insanları düşünmeni istiyorum. Annen, baban, kardeşin, eşin, çocuğun, arkadaşın, kayınvaliden, artık aklına kim geliyorsa hepsini düşünmeni istiyorum. Aklından geçirirken yukarıdaki kelimelerin yanına onu ifade eden bir işaret ya da harf koyabilirsin. Sonra bu tabloyu incele. Bu insanları düşündüğün an sana çağrıştırdıkları neler? Düşündüğün kişi ile ilgili buraya üç taneden fazla olumsuz kelime işaretliyorsan bu insanın senin hayatında sana yük olan önemli bir tarafı var demektir. Bazı insanlara arkana dönüp gidemiyorsun, özellikle aile bireylerine ama sana duygusal yük olan insanlara duygusal mesafeler koyabilirsin. Duygularının kapılarını onlara kapatabilirsin. Görmezden, duymazdan gelebilirsin. Enerji emici insanları duyduğun ve gördüğün her an kendi mutluluğundan çaldığın anlar oluyor. Yapamıyorum zor, diyorsun belki. Daha önce de söyledim: "Ne kolay ki?"

Özellikle değer verdiğimiz insanları çıkarıp atamıyoruz hayatımızdan. Dursunlar yine bir köşede diyoruz. Tamam, dursunlar ama evin, mahallenin ya da şehrin bir köşesinde dursunlar. Zihnini kalabalıklaştıran insanları hayatının baş köşesine getirip oturtma. Onlara konforlu alanlar sunma. Seviyor-muş, önemsiyor-muş gibi davranma. Gerekli sınırları çiz ve ona bu sınırları hissettir. Kimsenin sana canının istediği gibi davranmasına izin verme.

Şu konuşmaları etrafınızda duymuşsunuzdur: "Babam ortanca kardeşimize hepimizden farklı davranıyor ya da kayınvalidem eltime bir şey diyemiyor. Patronumuz Serap'a 'Fazla mesai yap.' diyemiyor ama bizi, mesai ücretimizi ödemeden fazla fazla çalıştırıyor." O hayatınızda ya da çevrenizde dokunulmazlığı olan kişi var ya; işte onlar çevresine sınırlarını çizmeyi başarmış insanlardır. O insanlar kim olursa olsun kimse için kendini köle etmez. Hakkını yedirmez. İki tatlı söze kanıp kendini feda etmez. Narsist insanların başardıkları en güzel şey; yapmak istemediğiniz ya da sizi mutsuz eden o şeyi sizin görevinizmiş gibi algılatmak ve yapmadığınızda da kendinizi kötü bir insan olduğunuza inandırmak.

Bakın iyilik ile enayilik aynı şey değildir. Birinin yapması gereken işleri sürekli sen yapıyorsan, karşındaki insan sorumluluk almayıp bütün sorumlulukları senin yapmanı bekliyorsa, bir çift güzel sözü çok görüp senden sürekli güzel sözler bekliyorsa ve sen sürekli tek başına çırpındığını düşünüyorsan burada enayilik yapıyorsundur. Bunun adı iyilik değil ama sizi bunun iyilik olduğuna ikna edecekler. Kimler? Tabii ki narsist insanlar...

Bu insan belki hayatınızdan asla çıkaramayacağınız bir insan. Ben size yıkın dökün demiyorum. Söylediklerim sakın yanlış anlaşılmasın. Sadece müsaade etmeyin, yani kendinize haksızlık etmeyin, diyorum. Daha önce de söylemiştim: Gidişleriniz ve vazgeçişleriniz asaletinizden bir şey kaybettirmesin.

Şunu da asla unutma: **Haksızlığı kendine ediyorsan adaleti başkasından dilenmek zorunda kalırsın.**

Rol Çal!

Eşi ile mutlu olmayı başaramamış bir adamın ağzından şöyle bir cümle duydum: "Onu gözümde çok büyütmüşüm." İstemsizce ona şöyle bir şey söyledim: "O zaman sen de rol çal." Nasıl yani, der gibi yüzüme baktı. "O sana nasıl davranıyorsa ya da o bu hayatı nasıl yaşıyorsa sen de öyle yaşa. Senin böyle düşünmene sebep olan, onun sana karşı davranışları ve hayata karşı duruşu. Muhtemelen eşinin senin dışında da bir dünyası var ama sen ona bağlısın. Mesela o, arkadaşları ile buluşup bir kahve içiyor ama sen hep onunla kahve içmek istiyorsun. Eşin, kendisi için giyinip süsleniyor ama sen onun için... Eşin bu hayattan ne istediğini biliyor ve isteklerinin peşinden gidiyor ama sen kendinin değil, onun isteklerinin peşinden gidiyorsun. Onun söylediği söz önemli ama seninki değil, diye düşünüyorsun." Gözlerini fal taşı gibi açtı adam ve bana dedi ki: "Sen bunları nereden biliyorsun?" Bunu bilmek için âlim ya da falcı olmaya gerek yok. **Birini gözünde çok büyütüyorsan kendini küçültmüşsün demektir.** Kendi isteklerinin, düşüncelerinin, hayatının bir önemi kalmamıştır. Bütün odak noktan o insan olmuştur. Burada suçlu olan o adamın eşi değil adamın ta kendisi. Kadın, hayatını kendi hayatı gibi yaşıyor ama adam kendi hayatını değil, kadının hayatını yaşıyor.

Siz de kendinizi bu adam gibi hissediyorsanız sizin de artık rol çalma vaktiniz gelmiş demektir. Daha doğrusu başkasına kaptırdığın baş rolü oynama vaktin gelmiş demektir. Hepimiz hayatımızın başrol oyuncusuyuz ama bazen bu hatayı yapar, başrolü başkasına kaptırırız. Sonra oturur, onun bize rol vermesini bekleriz. Aslında bu hayat senin, senarist de sensin başrol oyuncusu da... İnsanları gözünde büyütüp kendini küçültmeyi bir kenara bırak, hemen sahneye çık ve rolünü en güzel şekilde hakkını vererek oyna. Kimseyi de suçlama…

Sökmekten Korkma!

Kendi ördüğüm atkıyı sökerken şunu düşündüm: "Yanlışın üzerine örmeye devam etmektense emeğimi sökmek daha hayırlı olacak."

İlk yanlış bir şansı mutlaka hak eder. Hatta ikinci, üçüncü yanlış da hak eder. Sevdiklerimize ve kendimize şans tanımak önemlidir çünkü... Ama bazı yanlışlar yapıldığı an düzeltilmeli ya da yapılan o yanlıştan o an hemen geri dönülmeli. Yanlışları görmezden gelmek ya da yanlışa devam etmek belli bir yerden sonra gönül zevkinizi bozacaktır. Ruhaniyetinize iyi gelmeyecektir. Bu yanlışı kimsenin bilmesine, görmesine gerek yok. Sen görüyorsan ve biliyorsan yine de yoracak seni. O yüzden emek verdim, nasıl döneyim, demekten korkmayın. Yeni bir başlangıç bazen bitmiş bir kazağı sökmeyi hak eder. Söküp yeni bir ilmek atarak yeniden başlamaktan korkmayın.

Sen Süpürge Değilsin!

Bu hayattaki görevin süpürge olmaksa önüne çöp atan çok olur. Süpürge olmayı iyilik zannedip kendini insanların sorunlarını çözmeye adarsın. Evi taşınacak olan, temizlik yapan, doğum yapan, yardıma ihtiyacı olan, ameliyata giren, borcu olan yani imdat anında akla gelen ilk isim sen olursun. "Aman ne olacak elime mi yapışacak, sevap olur." diye düşünüp süper kahraman gibi herkese yetişmeye çalışırsın. Kendini insanlara o kadar adarsın ki eşini, çocuklarını, en önemlisi kendi isteklerini ihmal ettiğini fark etmezsin. Eşin ya da çocukların bu konuda sana sitem edecek olsa onları susturursun. Belki de onları kötü kalpli olmakla suçlarsın. Sonra bir gün senin bir yardıma ihtiyacın olur. Kimseye ulaşamazsın. Herkesin işi, gücü ve sana yardımcı olmamak adına bahaneleri vardır. O gün anlarsın: Elime mi yapışacak, diye yaptığın her işin eline yapıştığını ve yapışan yerlerin ne kadar acıdığını...

Tabii ki insanların yardımına koşacağız ama insanlara koşarken kendi hayatımızdan uzaklaşmayalım. Bir başkasının da yapabileceği işin yükünü sürekli üstümüze almayalım. Gerektiğinde bazı sorumlulukları başkalarına bırakalım. Özellikle aile içinde bu durum çok yaşanır. Mesela dört kardeşsinizdir ve hepiniz evli çoluk çocuk sahibi insanlarsınızdır. Anne ve babanız ile ilgili bütün işler hep sizdedir. "Ben gitmeyince gönlüm razı olmuyor." diyerek o evin fatura, yemek, alışveriş, temizlik işlerine hep kendiniz yetişmeye çalışırsınız. Kardeşleriniz de nasıl olsa siz yapıyorsunuz diye, ailenize karşı tek sizin sorumluluğunuz varmış gibi düşünüp elini ayağını çeker. Tabii ki bunları ailemiz için seve seve yaparız ama siz bu işleri yaparken kardeşlerinizin sorumluluk almasına izin vermezseniz günün sonunda kendinizi yorgun ve bitmiş hissedersiniz. Unutmayın, evin hasta bakıcısı siz olduysanız hasta olma şansın yok demektir.

Bir âlime sormuşlar: "Zehir nedir?" diye... Âlim şöyle bir cevap vermiş: "Her şeyin fazlası zehirdir. Fazla yemek, fazla uyku, fazla özgüven, fazla öfke, hatta gereğinden fazla gösterilen iyi niyet. Yaşamın özü ve şifası dengede kalmaktır." Eğer biz dengede kalmayı başaramazsak giden hep bizden gidiyor.

Yalan dünya

Düşündüm de insan ve dünya ne çok birbirine benziyor. İkisinin de içinde fırtınalar koparken birden güneş açıyor. Bazen mevsim sonbahar, bazen yaz oluyor. Güneş ikisi için de her gün yeniden doğuyor. Aynı hava ile hayat bulup aynı rüzgârla savruluyoruz.

İkisine de en çok zararı içinde yaşattıkları oluyor. İkisi de kıymet bildikçe güzelleşiyor ve ikisi de günün sonunda her şeyin yalan olduğunu anlıyor…

Bahaneler Sevgisi Yetmeyenler İçindir

Sesini duymak isteyen bir bahane bulup arar.

Görmek isteyen anını kollar.

Seni sevmek isteyen bin sebep bulur.

Gelmek isteyen koşar.

Düzeltmek isteyen uğraşır.

Değer veren değişir.

Devam etmek isteyen yol bulur.

Mutlu etmek isteyen çabalar.

Yani kısaca insan isterse her şeyi yapar.

Çare arayan, seni seven ve değer verendir.

Bahaneler, kaçmak isteyen ve sevgisi sana yetmeyenler içindir.

Ömrünüzü kovalayarak geçirirseniz koşan ve yorulan hep siz olursunuz.

Sizi Gidi Manipülasyoncular

Biri senin kalbini kırar, kalp kırgınlığını anlatırsın. "Ne kadar alıngansın sana da bir şey söylenmiyor." der.

Kırgınlığından dolayı kalbin soğur, mesafe koyarsın. "Ne kadar soğuksun, hiç konuşmuyorsun." der.

Seni üzen sözlerini ya da yaptıklarını anlatırsın. "Ben öyle bir şey söylemedim, yapmadım. Sen yanlış anlaşmışsın." der.

Biraz ilgi ve zaman istersin. "Daha ne yapayım?" der.

İşte bu insan manipülasyoncu insandır. Sürekli kendini haklı çıkarmaya çalışır, size haklılık payı asla vermez. Gideceğinizi anlayınca değişiyormuş gibi yapar, o da kısa sürer. Kendinizi, onun yanında hep bağırırken bulursunuz. Çünkü asla anlaşıldığınızı düşünmezsiniz. Bu insanların beslenme kaynakları sizlerin gözyaşıdır. Ne kadar üzüyorsa sizi, o kadar mutludur. Ondan asla vazgeçemeyeceğinizi düşünür ve sizin için herhangi bir adım atmak istemez. Genelde kendini "Ben böyleyim. Yapacak bir şey yok." diyerek savunur. Oysa ben böyleyim, diye bir şey yok değil mi? Ben sana karşı böyleyim, diye bir şey var. Bu sözü çok sık duymuşsunuzdur. Bu cümleler manipülasyoncu insanların kendini savunma sanatıdır. Bu insanlara verilecek en güzel cevap onları görmezden gelip kendinizi anlatmaktan vazgeçmektir. Çünkü emek onu anlayana ve hak edene verilir.

Hiçbir Şey Bir Günde Olmuyor

Bir gün bir bardak kırılıyor ve siz o kırılan bardak için o kadar ağlıyorsunuz ki herkes şaşıp kalıyor. Oysa ağladığınız bardak değil ki o zamana kadar biriktirdikleriniz... Hiçbir kopuş aniden olmuyor. Her kopuşun arkasında günden güne incindiğiniz meseleler var. Yorgunluğun yüz metre yürüdün diye değil, oraya kadar kilometrelerce soluk soluğa koştuğun için... Bağırdığın, eksik yapılan o iş değil, o zamana kadar sustukların. Yani her şey bir birikimin sonucu. Sen bir olayın sonucunda değil, sürecinde böyle oldun. Süreçte yaşadıkların yordu, kızdırdı, üzdü seni. Sürecine sahip çıkanın sonucu huzur oluyor.

Bana ilgi göster, benimle ilgilen, bana vakit ayır, diye taleplerde bulunduğunuz ilişkileri gözden geçirmeniz gerekiyor. Çünkü zaman ayırmak, ilgi göstermek, sevdiğini belli eden eylemlerde bulunmak ısmarlama ile değil, içgüdüsel olmalıdır. Marketten sipariş verir gibi bunları sipariş etmek zorunda değilsindir. O ilişkide ya da evlilikte ya bir şey tükenmiştir ya da hiç oluşmamıştır. Görmedim ki nasıl göstereyim, demek doğru bir savunma sistemi değildir. İnsan yokluğunu çektiği şeyin verdiği üzüntüyü daha iyi bilmesi gerekmez mi? Senin yoksunluğunu çektiğin şeyi karşı tarafa da vermeyerek onu cezalandırmış olursun. İnsan tatmadığı duyguyu yaşatırken belki biraz zorlanır ama siz bu konuda kendinizi zorlayıp karşı tarafa sevginizi göstermeye başlayınca kendiniz de bu sevgiden payınızı almış olacaksınız. İnsanı iyileştiren sevgi, ilgi ve zamandır. Bunları insanlara verirken bonkör olmaya çalışın. Çünkü çiçek sulayınca açıyor, yani suyu çiçeği kurutmadan vermek çok önemli. Çünkü kurumuş çiçeğe su vermenin bir faydası olmuyor.

Ne Ararsan Onu Bulursun

Yurt dışında bir konferansımdan ayrılırken organizasyon sahipleri şöyle bir soru sordu: "Hocam bir kusurumuz oldu mu?" Şöyle bir düşündüm ve dedim ki: "Aramadım ki bulayım." Sonra kendi kendime şunu düşündüm: "İnsan aradığını buluyor." Eşinden ayrılmak isteyen bir arkadaşım vardı. Görünürde önemli bir problemleri yoktu. Olanlar da aslında çözülebilirdi. Fakat son zamanlarda arkadaşımın sürekli ağzında şöyle bir söz vardı: "Ben bu adamdan boşanmak istiyorum." Boşanmak istedikçe de boşanmayı gerektirecek sebepleri buluyordu. Biz buna algıda seçicilik diyoruz. Yani sen bir terziysen kumaşlar dikkatini çeker. Bir kuaförsen insanların saçı, makyajı... Sen de boşanmayı kafaya koymuşsan boşanacak nedenler dikkatini çeker. Ona bir gün dedim ki: "Sen son zamanlarda boşanmak istiyorum, diyorsun ve boşanacak sebepler arıyorsun. Şimdi cümleni ve tabii düşünceni değiştirmeni istiyorum. Yeni cümlen: Ben geçinmek ve evliliğimi kurtarmak istiyorum." olsun. Bir aydınlanma geldi, arkadaşıma. "Sanırım haklısın." dedi. Aradan bir hafta geçti ve arkadaşımı geri aradım: "Eşini yeniden sevecek ve evliliğini kurtaracak nedenler bulabildin mi?" "Dilek kız, benim kocam aslında iyi adammış, ben biraz meseleleri büyütmüşüm." dedi.

Şimdi kendimizi düşünelim. Biz bu hayatta neleri arıyoruz? Algıda seçiciliğimiz nelere karşı? Aslında başımıza gelen her olay biraz da bizim arayışlarımızın sonucu oluyor. Ben bu işi yapamam, kayınvalidem ile geçinemem, evlenemem, zengin olamam, mutluluğu bulamam… Cümleleri bunlar olan kişinin bulduğu sizce ne olur? Neyi bulmak istiyorsan bu hayatta onu ara? Sağlıklı, mutlu, başarılı olabilirim. İnsanlar ile iyi geçinebilirim. Kendimi doğru şekilde ifade edebilirim. Ne istediğimi fark edebilirim. Ben bu hayatı en güzel şekilde yaşayabilirim. Bak şu cümleleri buraya yazarken benim bile içim açıldı. Hadi sen de aradıklarını değiştir bahçende çiçekler açsın. Buldukların hep mutluluktan, sağlıktan, başarıdan yana olsun.

Mutlu Olmak Ne Demek?

Mutluluğu gökyüzüne sormuşlar. Yağmur yağdırabildiğim gün mutluyum çünkü toprağa bereket veriyorum, demiş.

Toprağa sormuşlar. Bağrıma basılan tohum çiçek açıyorsa mutluyum, demiş.

Çiçeğe sormuşlar. Açtığım çiçek etrafa güzel kokular yayıyorsa mutluyum, demiş.

Kokuya sormuşlar. Beni hisseden benden rahatsız olmuyor, 'mis gibi, içim ferahladı' diyorsa mutluyum, demiş.

İnsana sormuşlar mutluluk nedir, diye... Kimi para demiş kimi huzur... Kimi sağlık demiş kimi yuva... Kimi aşk demiş kimi anne, baba...

Mutluluğu parada, evlilikte, geçmişinizde ya da gelecekte aramayın. Eğer mutluluk para olsaydı dünyada bütün zenginler mutlu olurdu. Mutluluk evlilik olsaydı bütün evliler mutlu olurdu. Mutluluk yuva olsaydı yuvası olan herkes mutlu olurdu.

Bana sorsanız mutluluk nedir, diye? Size derim ki: Gökyüzü gibi yağıp toprağa can olabiliyorsam, bağrıma bastıklarım çiçek açıyorsa, bağrımda açan çiçekler solmuyorsa, etrafa güzel kokular yayıyorsa ve bunları yaparken kendimi huzurlu hissediyorsam işte ben buna mutluluk derim.

Mutluluk, olduğun yerde bereketlenmek ve bereketini yaymaktır. Kesmeye gücün yetecekken birleştirmektir. Sökmeye gücün yetecekken dikmektir. Dökmeye gücün yetecekken toplamaktır. Bu dünyada bir işe yarayıp birilerinin de işe yaramasına vesile olmaktır. Bir işe kafa yormaktır. Sahip olduklarına şükretmektir. Bol bol kahkaha attığın anlara sahip çıkarken bol bol ağladığın güne de sahip çıkmaktır. Düştüğün yerde kalmayıp üzerindeki tozları silkeleyip yola yeniden devam etmektir... Mutluluk bazen bir gülüş bazen bir sözdür. Bazen atılan bir adım bazen dönülen yoldur. Bazen bir başlangıç bazen de bir sondur. İçilen bir yudum su, yutulan lokmadır. Barındığın ev, yürüdüğün yoldur.

Yani kısaca mutluluk: Mutlu olmayı bildiğin her yerdir.

Son Söz

Mıh gibi çakılmışım hayatına oysa bir çivi olmak isterdim, dedi genç kadın. Adam gülümsedi. "Mıh ve çivi aynı şey değil mi?" Kadın cevap verdi: "Baktığında aynı gibi duruyor ama çiviyi çaktığın yerden çekince çıkartırsın. Mıh, çaktığın yerden çıkartmaya çalıştıkça daha da tutunur, çıkartamazsın. İşte bazı duyguları anlamak için mıh ile çivi arasındaki farkı bilmek gerekir."

Nerede mıh nerede çivi olacağını her zaman bil, sevgili dostum.

Geldik bir kitabın daha sonuna…

Her kitap bir yolculuk, yeni bir keşif değil mi? Belki burada kurduğum bir cümle, anlatmış olduğum bir hikâye hayatına yepyeni bir ufuk açtı. Belki gideceğin yollara yeni bir yol daha kattın ya da kaybettiğin yolları geri buldun. Hiçbiri olmasa bile bir yerde gülümsedin, bir yerde düşündün, başka bir yerde de hüzünlendin.

Dünyadaki herhangi bir kitap gibi bu kitap da illaki bir duyguna, bir düşüncene dokundu. Bugün nasıl acıkıyorsan, susuyorsan ve yemek, su olmadan yaşayamıyorsan kitap olmadan da yaşama! Arada kitapsa! Acıkınca yemek ye, susayınca su iç, kitapsayınca hemen kitap oku! Kitap olmasa bile aç bir dergi, haber ya da bir hikâye oku! Okumayınca, öğrenemeyince huzursuz ol! Ancak o zaman yolunu kaybettiğinde çok kolay yeni rota oluşturabileceksin. Çünkü her kitap, öğrendiğin her bilgi sana sevmen, mutlu olman, huzurla nefes alman, başarman, yeniden denemen için bir sürü neden anlatacak ve öğretecek.

Bugün paran olmasa da kitaplar sayesinde dünyayı gezebilirsin, üniversite okumasan da bir konu hakkında yeterli bilgiye sahip olabilirsin, herhangi bir konu hakkında fikir sahibi olabilirsin. Bu kitabı bitirdikten sonra hemen yeni bir kitap sipariş et! Günde bir sayfa da olsa mutlaka oku! Baş ucundan o kitap hiç eksik olmasın!

Şimdi seninle vedalaşırken kendinden özür dilemeni isteyeceğim.

Sevgili ben;

- İnsanların seni üzmesine, kırmasına, değersizleştirmesine izin verdiğim için
- Kendi ihtiyaçlarımı görmezden gelip sürekli başkalarının ihtiyaçlarına koştuğum için
- Sana gerekli vakti ayırmayıp sürekli seni yorduğum için

- Gerekli yerde seni koruyamayıp insanlara seni kurban ettiğim için
- Aman insanlar kırılmasın, üzülmesin diye düşünüp senin, etrafına sınır çizmene engel olduğum için
- Hayır diyemediğin her şeyin altında ezilmene müsaade ettiğim için
- Bedenini, zihnini gereksiz yere yorduğum her an için
- Umudunu kaybedip hayallerinin peşinden koşmadığım için
- Mutlu olmana bir şans vermediğim için
- Sürekli alttan alıp her olayın altında kalmana müsaade ettiğim için
- Senden özür dilerim!
- Hadi şimdi her şeye yeniden başlayalım!
- ROTA YENİDEN OLUŞTURULUYOR.

Bu kitabı yazmam için beni yüreklendiren sevgili dostum Doç. Dr. Saniye Bencik Kangal'a ve kitabı yazma sürecimde beni destekleyen tüm dostlarıma teşekkür ediyorum.